최경주, 그린 위의
챔피언이 된
완도 섬 소년

스코프는 책에 관한 아이디어와 원고를 설레는 마음으로 기다리고 있습니다. 책으로 엮기를 원하는 아이디어가 있으신 분은 이메일(bookrose@naver.com)로 간단한 개요와 취지, 연락처 등을 보내주세요. 망설이지 말고 문을 두드리세요. 길이 열릴 것입니다.

최경주, 그린 위의 챔피언이 된 완도 섬 소년

초판 1쇄 인쇄 | 2012년 12월 5일
초판 1쇄 발행 | 2012년 12월 25일

지은이 | 유정원
그린이 | 허한우
펴낸이 | 박영욱
펴낸곳 | 스코프

경영총괄 | 정희숙
편집개발자 | 이상모
편집 | 임은희·주재명·권기우
마케팅 | 최석진
표지·본문 디자인 | 최희선
디자인 | 서정희
법률자문 | 법무법인 명율 대표 변호사 **안성용**

주 소 | 서울시 마포구 서교동 468-2번지
이메일 | bookrose@naver.com
전 화 | 영업문의 : 02-322-6709   편집문의 : 02-325-5352
팩 스 | 02-3143-3964

출판신고번호 | 제313-2007-000197호
ISBN 978-89-93662-98-6 (73810)

「이 도서의 국립중앙도서관 출판시도서목록(CIP)은 e-CIP홈페이지 (http://www.nl.go.kr/ecip)와 국가자료공동목록시스템(http://www.nl.go.kr/kolisnet) 에서 이용하실 수 있습니다.(CIP제어번호: CIP2012005286)」

* 이 책은 스코프가 저작권자와의 계약에 따라 발행한 것이므로 이 책 내용의 일부 또는 전부를 이용하려면 반드시 스코프의 서면 동의를 받아야 합니다.
* 책값은 뒤표지에 있습니다.
* 잘못 만들어진 책은 구입하신 서점에서 교환해 드립니다.

머리말
꿈은 계속 되는 것

　우리 모두는 꿈이 있습니다. 특히 어린이 여러분은 아주 많은 꿈을 가지고 있죠. 그런데 혹시 꿈을 이루고 나면 그 다음은 무엇을 할지 생각해 보셨나요?

　요즘 연예인이 되겠다는 꿈을 꾸는 어린이들이 많이 있는 것 같습니다. 연예인이 되는 과정은 매우 힘들죠. 노래 연습, 연기 연습을 해야 하고, 몇 년씩 연습생 생활을 해야 하는 경우도 있습니다. 그렇게 어려운 과정을 거쳐서 연예인이 되고 나면 그 순간은 행복하겠지요. 그런데 계속 행복할까요?

　연예인이 되고 나서도 아마 끝없이 새로운 노래를 연습하고, 새로운 연기 연습을 해야 하는, 바쁘고 정신없는 날들이 계속될 것입니다. 연예인이 되기 전이나 후가 비슷하게 생각될 때도 있을 것입니다. 그러다 보면 그렇게 힘들게 된 연예인이 싫어질 수도 있습니다.

그렇다면 어떻게 해야 할까요? 답은 또 새로운 꿈을 꾸는 것입니다. 계속 새로운 꿈을 꾸고 그것을 성취하며 행복을 느끼면 지금의 생활이 하나도 고달프지 않을 것입니다. 마치 최경주 선수처럼 말이죠.

최경주 선수는 골프 선수가 되겠다는 꿈을 꾸었고, 이후에는 한국의 상금왕이 되겠다는 꿈을 꾸었고, 다시 미국으로 진출하겠다는 꿈을 꾸었습니다. 미국에서 우승을 차지한 후에도 사람들을 돕고 마스터대회라는 큰 대회에서 우승하겠다는 꿈을 꾸고 있습니다. 이렇게 계속 꿈을 키움으로써 최경주 선수는 행복한 사람이 되었습니다.

저는 어린이 여러분이 최경주 선수의 이야기를 들으며 행복을 꿈꾸는 그런 어린이가 되기를 바랍니다. 골프 이야기가 조금 어려울 수 있으나 최경주 선수의 계속되는 꿈 이야기를 재미있게 읽어주세요.

유정원

최경주 선수는 누구

　골프는 세계적으로 아주 인기가 많은 스포츠입니다. 특히 미국 골프 협회에서 주최하는 대회인 PGA 투어는 그 규모나 역사 면에서 꿈의 대회라고 불릴 정도로 대단한 대회죠. 이 대회에서 우승한 선수에게는 부와 명예가 쫓아옵니다.

　아마 골프를 잘 모르는 사람도 타이거 우즈라는 이름을 들어보았을 것입니다. 타이거 우즈가 방문하면 나라가 들썩일 정도로 유명한 사람이죠. 바로 이 타이거 우즈도 PGA 대회에 출전하는 선수입니다.

　최경주 선수가 나타나기 전까지는 이렇게 유명한 대회에 한국인 우승자가 단 한 명도 없었습니다. 우승자는커녕 PGA 대회에 정기적으로 출전하는 선수도 없었죠. 최경주 선수가 한국인 최초로 PGA 출전권을 따낸 선수이며, 최초로 우승한 선수입니다. 최경주 선수가 길을 닦아 놓은 덕분에 한국인들이 PGA 대회에 많이 진출할 수 있었습니다.

최경주 선수는 지금까지 총 여덟 번이나 우승을 차지했는데, 이 기록은 동양인 최다 우승 기록입니다. 최경주 선수의 후배인 양용은 선수가 PGA 메이저대회에서 우승을 차지했는데, 이것은 동양인 최초입니다.

이렇듯 최경주 선수는 우리나라 골프를 세계 속에 우뚝 세운 장본인입니다. 이 대단한 기록의 배경에는 최경주 선수만의 철학과 품성이 존재했기에 사람들은 최경주 선수를 존경합니다. 최고의 기록을 세웠으면서도 언제나 겸손하고, 주변 사람을 돌볼 줄 알며, 가족을 위해 최선을 다하는 모습은 스타가 아니라 친근한 우리의 이웃처럼 보입니다.

PGA에 진출한 지 10년이 넘었는데도 여전히 꾸준한 모습을 보여주는 최경주 선수에게 우리는 끈기와 노력하는 자세, 그리고 품성을 배울 것입니다.

차 례

머리말 꿈은 계속되는 것 4
최경주 선수는 누구 6

1장 튼튼한 섬 소년 최경주
탱크가 탱크를 만나다 12
골프란 무엇일까요? 20
완도는 나의 고향 23
으라차차! 역도를 하자 31
지식창고 골프로 배우는 과학 ❶ 원심력과 구심력 38

2장 소년 골프를 만나다
내 가슴에 작은 불씨 42
거울은 나의 스승 47
무작정 서울로 53
눈물 나는 서울 생활 58
지식창고 골프로 배우는 과학 ❷ 가속도와 무게 64

3장 한국을 넘어 세계로
첫 우승과 함께 찾아온 웨딩마치   68
난 미국으로 갈 거야   75
철저히 준비하자   79
일본을 거쳐 미국으로   83
지식창고 골프로 배우는 과학 ❸ 탄성계수   88

4장 섬 소년 세상을 품다
외롭고 힘들어도 다시 도전해!   92
대한민국의 아들로서의 첫 우승   98
잭 니클로스와 타이거 우즈   105
슬럼프는 없어   113
문화를 바꾸는 사나이   121
지식창고 골프로 배우는 과학 ❹ 저항과 회전   128

재미있는 논술활동   130

1장

튼튼한 섬 소년
최경주

 탱크가 탱크를 만나다

'빰빠라 밤밤밤'

대한민국 국군 가운데 최고 정예 부대로 꼽히는 수도방위사령부 연병장에 이른 아침부터 힘 찬 팡파르가 울려 퍼졌습니다.

이 부대는 서울을 비롯한 수도권 일대를 지키는 모든 육군 부대를 총지휘하는 곳입니다.

그중에서도 전차 부대에는 각종 신형 탱크들이 수두룩하게 줄을 서 있습니다. 만일 우리나라에 무슨 일이 생긴다면 이들 탱크들은 땅을 흔들고 굉음을 내뿜으면서 서울 곳곳으로 출동합니다.

이날 전차 부대 연병장에는 K-1A1 탱크 9대가 웅장한 모습을 자랑하고 서 있었습니다. 우리나라 육군 전차 전력의 중추 역할을 맡고 있는 K-1A1 탱크는 무게만도 50톤이 넘을 만큼 어마어마하게 큽니다.

아침부터 이런 K-1A1 탱크를 준비시키고 누구를 기다리고 있는 걸까요? 더구나 군악대까지 출동했습니다. 멋진 예복을 차려입고 군악대는 힘차게 나팔 소리를 울렸습니다.

탱크들 앞에는 푸른 색 베레모를 쓴 군인 아저씨들이 한 치의 틈도 없이 줄을 맞춰 서 있습니다.

오전 8시 50분이 되자 드디어 기다리던 손님이 도착했습니다. 도착한 사람은 대통령도 아니고 장군님도 아니었습니다. 바로 골프 선수였습니다. 까무잡잡한 얼굴에 이름은 최경주라고 합니다.

세계에서 가장 어렵다는 미국 프로 골프(PGA, 피지에이) 대회에서 연속으로 우승을 차지해 국민적 영웅이 된 선수입니다. 최경주 선수가 미국 프로 골프 대회에서 우승하기 이전에는 한국인이 우승할 것이라고 아무도 생각하지 못했습니다.

이제 최경주 선수 덕분에 미국은 물론 전 세계 골프팬들이 한국 스포츠와 문화의 우수함을 깨닫게 되었죠.

골프 선수가 이른 아침부터 무슨 이유로 전차 부대에 나타난 것일까요? 아주 재미있는 이유가 숨어 있답니다. 바로 최경주 선수의 별명이 '탱크'이기 때문입니다. 최경주 선수는 탱크처럼 단단한 몸과 탱크만큼 강하고 저돌적으로 경기하는 자세 때문에 탱크란 별명을 얻었습니다.

최경주 선수는 172센티미터의 키에 몸무게는 83킬로그램 정도 나갑니다. 중학교 시절에 역도 선수를 지낸데다 세계 정상의 골프 선수가 되기 위해 엄청난 훈련을 거듭해 온 결과 온몸이 단단한 근육으로 단련돼 있답니다. 게다가 수많은 골프 경기를 하면서 햇볕에 건강하게 그을려서 더욱 단단하게 보입니다.

누가 보아도 힘과 용기가 넘칩니다. '야, 최경주 선수가 돌진하면 막을 상대가 없겠는데.' 사람들은 이런 생각을 하죠.

군악대의 연주를 들으며 연병장으로 들어 선 최경주 선수는 도열한 탱크들을 보면서 미소를 지었습니다. 인간 탱크와 진짜 탱크의 극적인 만남이지요.

세계에 이름을 떨친 '인간 탱크'가 드디어 '진짜 탱크'와 마주한 것입니다.

1장 튼튼한 섬 소년 최경주

최경주 선수를 본 전차 부대 용사들은 일제히 환영의 박수를 치며 함성을 질렀습니다. 탱크를 타고 적을 무찌르는 부대원들은 한국인의 기개를 세계에 떨치고 '탱크'라는 별명을 얻은 최경주 선수가 무척이나 자랑스러웠습니다.

　전차 부대 대대장님은 최경주 선수에게 K-1A1 전차의 이런저런 기능과 장비에 대해 자세히 설명해 줬습니다. 최경주 선수는 아예 군복을 갈아입고 탱크에 올랐습니다.

　"탱크는 처음 타 봅니다. 이런 탱크가 내 뒤를 지켜주고 있다니 마음이 무척 듬직합니다. 앞으로 힘을 내 더욱 열심히 골프를 쳐서 세계무대에 한국인의 기상을 널리 알리겠습니다."

　최경주 선수는 자신이 탱크라는 별명을 갖게 된 사연도 밝혔습니다.

　"나와 친한 호주 출신 골프 선수가 있습니다. 거침없는 저의 모습을 보고 그 친구가 탱크라는 별명을 붙여 줬죠. 사실 탱크라는 별명이 처음에는 마음에 들지 않았어요. 그런데 여기 와서 직접 탱크를 보니 안 바꾸길 참 잘했다는 생각이 드는군요."

　그리고 이렇게 덧붙였습니다.

"탱크는 미국이라는 타향에서 살면서 앞만 보고 전진했던 내 모습과 비슷합니다. 분명히 이 탱크도 저를 좋아할 겁니다."

탱크 부대 군인 아저씨들은 최경주 선수의 재치 넘치는 유머에 폭소를 터뜨렸습니다. 대대장님은 최경주 선수에게 탱크 모형을 선물로 전달했습니다. 군인 아저씨들은 최경주 선수를 둘러싸고 기념사진을 찍었죠.

최경주 선수는 까마득하게 잊었던 옛 기억을 떠올렸습니다. 바로 최경주 선수가 군대에 있던 시절의 일이지요. 최경주 선수는 섬이 많은 남해안에서 근무했습니다.

한 치 앞도 보이지 않는 깜깜한 밤중에 초소 안에서 검은 바다를 뚫어져라 응시하며 긴장을 풀 수 없었습니다. 휴전선은 아니지만 언제 어디서 무슨 일이 일어날지 모르기 때문이지요.

최경주 선수는 이 당시도 골프를 잊지 않았습니다. 근무 중간에 휴식 시간이 되면 어김없이 솔방울을 주웠습니다. 그리고는 돌 위에 솔방울을 놓고 막대기를 골프채 삼아 스윙을 했습니다.

딱. 슈웅. 딱. 슈웅.

파도가 철썩이는 남해 바닷가에서 한밤중에 솔방울이 하늘로

날아가는 진기한 풍경이 펼쳐졌습니다. 이때 이미 전 세계를 놀라게 할 열정이 최경주 선수의 깊은 가슴 속에서 끓어오르고 있었던 겁니다.

"장병 여러분. 군 생활이 결코 쉬운 건 아닙니다. 여기 모인 여러분이 누구보다 잘 알고 있을 겁니다. 그러나 어떻게 생각을 하느냐에 따라 병역의 의무를 다하는 군인 시절이 성공의 밑거름이 될 수 있습니다. 저는 그때도 '골프 선수로 성공하는 것만이 내 길이다'는 결심을 잊지 않았습니다."

전차부대 용사들은 일제히 최경주 선수에게 몰려가 헹가래를 쳤습니다. 군인 아저씨들의 손에 이끌려 몸이 하늘로 붕 떴습니다. 최경주 선수도 활짝 웃음을 지으며 손을 번쩍 치켜들었습니다.

육군 헌병 모터사이클이 호위하는 가운데 최경주 선수는 헬리콥터 비행장으로 이동했습니다. 특별한 귀빈으로 최경주 선수를 대접한 수도방위사령부는 최경주 선수의 바쁜 스케줄을 돕기 위해 헬리콥터를 제공했습니다.

'타타타타.'

굉음을 울리며 하늘로 치솟은 헬리콥터 안에서 아래를 내다보니 군부대와 연병장이 한눈에 들어왔습니다.

　도대체 골프란 어떤 운동이기에 우리 국민 모두가 최경주 선수를 이렇게 사랑할까요?

골프란 무엇일까요?

　최경주 선수의 이야기를 듣기 전에 세계인이 열광하는 스포츠인 골프가 무엇인지를 알아볼까요?

　골프란 기본적으로 골프채로 골프공을 쳐서 정해진 횟수 안에 바닥에 뚫린 구멍에 공을 넣는 경기입니다. 적은 횟수로 공을 쳐서 넣을수록 좋죠.

　골프는 지금으로부터 600년 이전에 시작된 스포츠랍니다. 1457년, 스코틀랜드의 왕이 골프를 금지한다고 명령한 기록이 남아 있는 것이 골프에 관계된 최초의 기록입니다. 골프에 대한 최초의 기록이 골프를 금지한다는 명령이었다니 참 재미있지요?

그만큼 재미있는 스포츠이기 때문에 사람들이 골프만 하고 일을 하지 않을까 봐 왕이 금지시킨 것이에요. 19세기부터는 상금을 걸고 대회를 열기 시작했고, 상금을 벌기 위해 대회에 참가하는 프로 골프 선수들도 나타나기 시작했어요. 1901년에는 세계 최대의 골프 대회인 'PGA 투어'를 개최하는 미국 프로 골프 협회가 발족했어요.

이후 골프는 세계 방방 곳곳으로 퍼져나갔지요. 골프가 처음 발생한 지역이 신사의 나라 영국이라서 골프는 신사의 스포츠라고 불렸어요. 실제로 골프를 치는 사람들은 신사처럼 말끔하게 차려입고 경기를 치릅니다.

골프는 총 18개의 코스를 돌면서 경기를 치르는데 한 코스마다 평균 4번 안에 공을 넣어야 해요. 그래서 총 72번 안에 공을 넣는 것이 경기규칙이죠. 72번보다 적은 횟수로 공을 넣을수록 좋은 점수가 되겠죠? 프로 선수들은 72번이 채 안 되게 공을 쳐서 경기를 끝내기도 하지만 일반적인 사람들은 72번에 10번을 더해서 82번 안에만 경기를 끝내도 매우 잘한다는 칭찬을 받을 정도로 재미있으면서도 어려운 스포츠랍니다.

세계인 남녀노소가 열광하는 스포츠인 만큼 그 규모도 대단합니다. 미국의 PGA 투어에 걸린 상금만도 3억 달러에 이릅니다. 3억 달러를 우리나라 돈으로 환산하면 3317억 원이나 됩니다. 골프 선수 개인에게 꿈의 대회이며 세계인이 지켜보는 대회인 만큼 이 대회에서 우승을 하면 국위선양도 된답니다.

　　골프를 즐기는 사람이 우리나라에서만 125만 명이나 됩니다. 아직은 골프장 사용료도 비싸고, 넓은 경기장이 필요해서 국민 스포츠가 되지는 못했지만 저렴한 골프장도 속속 생기고 있고, 최경주 선수 같은 세계적으로 유명한 선수들도 계속 나타나고 있는 만큼 곧 국민 누구나 즐기는 스포츠가 될 날도 멀지 않았습니다.

　　자, 이제 세계적인 골프 선수 최경주 선수의 어린 시절로 떠나 볼까요?

 ## 완도는 나의 고향

"요놈 구워먹으면 아주 맛있겠는데."

경주는 함지에 가득 찬 물고기를 보고 입맛을 다셨습니다. 경주가 뛰어놀고 자란 완도는 전라남도에 위치한, 우리나라에서 10번째로 큰 섬입니다. 우리나라 최초로 다리를 놓아 육지와 섬을 연결한 곳이기도 하죠.

완도는 해산물이 풍부해 어업이 발달하였고, 농지도 넓어 농업도 동시에 발달한 곳입니다. 신라시대에는 장보고 장군이 청해진을 설치해서 해적을 소탕한 곳이기도 합니다. 이때부터 해상 무역의 본거지였던 완도는 지금도 해상 교통의 아주 중요한 기지

역할을 담당하고 있습니다.

완도에서는 먼 바다로 나가지 않고도 쉽게 먹을 만한 물고기를 구할 수 있었습니다. 갯벌에 그물을 쳐두면 밀물 때 들어왔던 물고기가 썰물 때 미처 빠져나가지 못하고 그물에 걸리는 것이죠. 그러면 사람들이 함지를 끌고 나가 그물에 걸린 물고기를 담아오는 방법으로 반찬을 얻기도 하고 내다 팔기도 했습니다.

완도에서는 이 정도 일은 일도 아닌지라, 아직 초등학교 학생인 경주도 혼자 함지를 들고 바다로 나가곤 했습니다. 3남 1녀 중 장남인 경주는 집안일을 돕는 것을 게을리 하지 않았습니다. 부지런한 부모님을 보고 자라서 집안일을 돕는 것을 당연하게 생각했기 때문이지요.

"경주야, 산에 가서 풀 좀 뜯어 와라. 누렁이가 배고파한다."

"경주야, 바다에 고기 잡힌 것 있으면 들고 와라. 반찬 해 먹게."

"경주야, 밭에 가서 털어 놓은 콩 좀 걷어 와라."

가족들은 매일 '경주야!' 라는 말을 입에 달고 살았습니다. 경주는 쉴 새 없이 바쁜 날을 보냈죠. 그런데 경주가 할 일은 이뿐이 아니었습니다.

"경주야, 이번 씨름 대회는 네가 나가야겠다."

"경주야, 공 차게 빨리 나와라."

"경주야, 줄다리기 하는 데 네가 빠지면 안 된다."

매일 산으로 바다로 뛰어다녀서 그런지 경주는 운동신경이 아주 뛰어났습니다. 그래서 체육대회가 있으면 어떤 종목이든지 선수로 뛰었고 동네에서 공을 차더라도 친구들은 경주를 꼭 불러냈습니다.

집안일을 열심히 하기도 했지만 놀기도 좋아하고 장난치기도 좋아하는 경주는 친구들이 부르면, 집안일을 쌩하고 해치우고 부리나케 뛰어나갔습니다.

집안일도 잘 돕고 친구와 사이도 좋은 경주였지만, 아무 사고 없이 어린 시절을 보낸 것은 아니었습니다. 우리 어린이 여러분도 잘할 때가 있고 말썽을 부릴 때도 있잖아요. 경주도 마찬가지였습니다.

초등학교 5학년 때의 일입니다. 그때까지 경주네 집 창고에는

초가지붕이 얹혀 있었습니다. 초가지붕이란 쌀을 수확하고 남은 볏짚을 엮어서 집 지붕에 올려놓는 우리나라 전통 방식의 지붕입니다. 볏짚이 비가 새는 것을 막아주고 겨울에 따뜻하게 보호도 해줍니다. 단, 매년 새로운 볏짚으로 갈아줘야 하고, 불에 약한 약점이 있지요.

경주는 친구들과 성냥을 가지고 장난을 치고 있었죠. 불장난은 아주 위험한 일이지만 아이들은 모두 불을 좋아하잖아요. 확 하고 일어났다가 꺼지는 성냥 불꽃이 무척 재미있었죠.

그러다가 경주는 슬슬 장난기가 발동했습니다. 창고 지붕에 얹힌 볏짚에 불을 붙인 것이죠.

타닥 타닥.

지붕 끝에 불이 살짝 붙었습니다.

"후~."

친구들과 함께 훅 하고 바람을 불면 불은 금세 꺼졌습니다. 연기만 살짝 피어올랐죠. 친구들과 경주는 그 모습을 보고 킥킥킥 웃음을 터트렸습니다. 잠시 후 닥칠 일을 꿈에도 생각하지 못하고 말입니다.

경주는 지붕 끝에 또 살짝 불을 붙였습니다. 당연히 꺼질 줄 알았죠. 그런데 불은 바람을 타고 지붕 위로 올라가 버렸습니다.

"물, 물!"

친구들과 경주는 급박하게 지붕에 물을 떠다 뿌렸지만 이미 불길이 커져서 아이들로서는 불길을 잡을 수 없었습니다.

어쩔 줄 몰라 하던 경주는 그만 도망을 가 버렸습니다. 그리곤 멀리서 발을 동동 굴리며 집을 몰래 살펴보았죠. 밖에서 불을 보셨는지 아버지가 달려와서 불을 끄는 모습이 보였습니다.

아버지가 위험한 불길 속에서도 열심히 불을 끈 덕분에 지붕만 태우고 불길은 잦아들었습니다.

경주는 무서운 마음과 가족들에게 미안한 마음이 들어서 집에 들어갈 수 없었습니다. 특히 아버지가 위험한 가운데 불을 끄시는 모습을 보고 난 뒤라 더더욱 그랬습니다.

꼬로록~.

경주는 배가 원망스러웠습니다. 이 와중에도 배가 고프다고 아우성이었습니다.

'아니야, 집에 들어가면 엄청나게 혼날 거야.'

꼬르륵~.

'배야, 제발 가만히 좀 있어!'

꼬르륵~.

경주의 생각과는 반대로 배는 계속해서 꼬르륵 소리를 냈습니다. 마침내 참을 수 없게 된 경주는 집에 돌아가 아버지에게 용서를 빌기로 했습니다.

"아버지, 제가 잘못했어요. 장난을 치다가 그만 불을 내고 말았어요."

경주는 아버지에게 매도 맞을 각오로 말했습니다.

"괜찮다. 장난도 치고 그렇게 해야 사내놈이지. 앞으로 같은 잘못을 또 저지르지 않으면 되는 거다."

아버지는 그렇게 경주를 용서했습니다.

경주의 아버지는 농사를 짓고 바다에 나가서 미역을 따는 시골 사람이었지만, 언제나 지혜로운 말과 행동으로 경주에게 교훈을 주었습니다.

6학년이 된 어느 날, 경주는 아버지와 함께 바다로 미역을 따러 나갔습니다. 우리가 생일날 먹는 미역국을 만드는 미역은 바다에서 나는 해초의 일종입니다. 이 미역을 따기 위해서는 밧줄에 어린 미역 종묘를 뿌린 후 바닷물 속에 넣어두었다가 어느 정도 자라면 밧줄에 붙어 있는 미역을 손으로 채취합니다. 일일이 물속에 손을 넣어서 해야 하는 일이라 힘이 들뿐더러 추운 날에는 작업을 하기가 더욱 어렵습니다.

경주가 바다에 나간 그날은 매우 추운 날이었습니다. 바닷물에 손을 담그면 손이 꽁꽁 얼어붙는 것 같았습니다.

"날씨가 춥다고 일을 안 하고, 바람이 분다고 일을 안 하면 우리가 일할 수 있는 날은 하루도 없다."

섬인 완도에서 바람과 추위는 핑계일 뿐이었습니다. 경주는 조금만 물에 손을 넣어도 손끝이 아려왔는데, 아버지는 묵묵히 미역을 따서 배 위에 쌓았습니다.

밀물 때가 되었는지 파도가 배를 넘어올 것 같았습니다.

"아버지, 그만하고 들어가요. 배 뒤집힐까 봐 무서워요."

"원, 녀석도 걱정하지 마라. 아버지는 매일 이 바다와 함께하는데, 무엇이 무섭냐?"

아버지는 그렇게 말하고 추위에 얼어 빨개진 손을 다시 바닷물

속에 담그셨습니다. 경주는 그 손을 보며 자신도 어떤 일이 있어도 성실하게 일하고, 아버지처럼 믿음직하게 살아야겠다고 결심했습니다.

 이렇게 아버지, 어머니는 말없이 여러분에게 훌륭한 삶의 자세를 알려주시는 스승입니다. 여러분도 부모님에게 어떤 점을 배워야 할지 경주처럼 생각해 보세요.

으라차차! 역도를 하자

"어떻게 하지?"

경주는 자기도 모르게 한숨을 쉬었습니다. 이제 초등학교를 졸업하고 중학교에 갈 나이가 되었습니다. 그런데 중학교에 들어가려니 학비가 걱정이었습니다.

지금은 나라에서 중학교까지 무료로 교육을 시켜주기 때문에 누구나 중학교에 갈 수 있지만 경주가 학교에 다닐 때만 해도 중학교는 돈을 내고 다녀야 했습니다.

경주네 집이 다른 집에 비해 가난한 편은 아니었습니다. 바다에 나가서 일도 하고 농사도 짓고 해서 밥을 굶거나 하지는 않았

습니다. 하지만 섬에서의 벌이란 것이 공부를 마음 놓고 할 수 있을 정도로 풍족하지는 않았습니다.

어렸을 때부터 집안일을 도왔던 경주는 집안 사정을 잘 알고 있었고 자신이 중학교에 가는 것보다 일찍 일을 시작하는 것이 좋지 않을까 하고 고민했습니다.

그날도 경주는 농사일을 돕기 위해 어린 고추를 키우는 비닐하우스로 나왔습니다. 아버지가 비닐하우스를 '조금' 열어놓으라고 한 것이죠. 그런데 경주는 그만 모르고 비닐을 통째로 걷어 버렸습니다. 게다가 하필 그날 밤 비바람이 불었습니다. 그 바람에 어린 고추들이 모두 죽고 말았죠. 경주는 자신의 실수로 일이 그렇게 된 것이 무척 마음 아팠습니다. 그래서 고추들을 살펴보다가 큰 교훈을 얻었습니다.

'그래, 고추들이 온실에서 살아서 하룻밤 비바람을 견디지 못하고 죽은 거야. 온실도 없고 농약도 없는 잡초들은 꿋꿋하게 잘 살잖아. 나 역시 어려운 일이 닥쳐도 꿋꿋하게 살 거야.'

그렇게 결심을 하자 마음이 편해졌습니다. 어려워도 중학교에 갈 방법이 있을 것 같았습니다.

중학교 등록금을 걱정하고 있다는 소식을 들었는지 동네 형이 찾아와서 말했습니다.

"역도부에 들어가면 등록금을 내지 않아도 된대."

경주는 만세를 불렀습니다. 운동이라면 어떤 것도 자신 있었습니다. 초등학교 때도 모든 종목에서 대표로 뛰었으니 역도쯤 아무것도 아닐 것 같았습니다. 실제로 경주는 아주 힘이 셌습니다. 뻘을 많이 돌아다닌 덕분인지 다리 힘이 아주 강했는데, 역도를 하기에 아주 좋은 조건 같았습니다.

"으라차차!"

경주는 중학교 역도부에 들어가서 역기를 머리 위로 힘껏 들어 올렸습니다. 이왕 시작한 것 열심히 해봐야겠다고 마음먹었습니다.

그런데 부작용도 있었습니다. 4교시만 끝나고 매일 훈련을 하러 달려 나간 바람에 3년 내내 좋은 점수를 받은 과목은 체육밖에 없었습니다.

'그래, 내 소질은 운동에 있어. 앞으로 더 열심히 운동을 할

거야.'

노력이라면 경주는 누구와 경쟁해도 이길 자신이 있었습니다. 아직 덩치가 작아 3학년 형들에 비하면 조금밖에 들지 못하지만 학년이 올라가면 문제없을 것이라고 생각했습니다.

경주가 2학년이 되자 1학년들이 들어왔습니다. 그런데 1학년 중에는 경주보다 더 무거운 역기를 드는 학생도 있었습니다. 경주는 속이 상했습니다. 열심히 노력하는데 왜 무게가 늘지 않을까?

"형은 팔이 너무 긴 것 같아요."

그러고 보니 경주는 하체가 짧은 것에 비하면 팔이 무척 길었습니다. 팔이 길다 보니 무거운 역기를 아래에서부터 들어서 머리 위까지 올리는 데 남들보다 배로 힘들었습니다. 역도는 힘으로만 하는 운동이 아니라 과학의 원리가 작용하는 운동입니다. 여러분 주변에 혹시 기다란 막대기가 있나요? 야구 방망이 같은 것 말이에요. 먼저 야구 방망이 중간을 잡고 휘둘러보세요. 아마도 힘이 별로 들지 않을 거예요. 그러면 이번에는 손잡이 끝 부분을 잡고 휘둘러보세요. 훨씬 힘이 많이 들지요? 여러분이 손으로 잡은 부분이 방망이의 무게중심이 되는 거예요. 무게중심이 한쪽으로 쏠리면 쏠릴수록 힘이 많이 들지요.

경주의 팔도 마찬가지였어요. 몸에 비해 팔이 길기 때문에 무게중심이 한쪽으로 쏠려서 힘이 많이 들어요. 그래서 연습한 만큼 결과가 나오지 않았던 거예요. 경주는 많이 실망했어요. 노력으로 어떻게 따라잡을 수 있을 것이라고 생각했는데, 신체적인 차이 때문에 뒤떨어지는 것이 억울했죠.

하지만 나중에 이 신체적인 특징이 큰 힘을 발휘하게 되니까 어린이 여러분은 실망하지 마세요.

경주는 그날도 운동을 마치고 친구와 함께 집으로 돌아가고 있었어요. 그런데 동네에 커다란 닭장 같은 것이 보였어요.

"저게 뭐냐?"

경주는 친구에게 물었지요.

"닭장 아니냐, 닭장."

닭장이라고 보기에는 너무나 컸어요. 슈퍼닭이 살고 있다면 모를까요.

"닭장이라기에는 너무 큰데……. 꿩 사육장인가보다. 꿩은 날

아다니니까 말이야."

"그래 그런가보다. 꿩 사육장인가보다."

친구는 맞장구를 쳤지요.

경주와 친구는 꿩을 구경해보려고 사육장으로 몰래 들어가 보았어요. 그런데 꿩은 보이지 않고 바닥에 하얀 알 같은 것만 잔뜩 있었지요. 만져보니 아주 딱딱했고 오돌토돌한 돌기 같은 것이 있었어요. 야구공도 아니고 탁구공도 아닌 것이 이상했어요.

경주와 친구는 결국 그곳이 어떤 곳인지 모른 채 집으로 발길을 돌려야 했죠.

지식창고

골프로 배우는 과학 ❶
원심력과 구심력

  골프공을 멀리 치기 위해 선수들은 골프채를 힘껏 휘두릅니다. 그런데 골프채의 머리 부분이 움직이는 모습을 보면 원을 그리고 있다는 것을 알 수 있습니다. 왜 이렇게 원을 그리는 것일까요? 그 이유는 원심력을 최대한 높이기 위한 것입니다.

  물체가 회전할 때는 원심력과 구심력이 작용합니다. 원심력은 밖으로 나가려는 힘이고 구심력은 안으로 들어오려는 힘을 말하는 것이죠.

  골프채를 휘두를 때, 우리는 골프 손잡이를 잡고 있습니다. 그래서 골프채가 밖으로 날아가지 않는 것입니다. 이때 우리가 골프채가 날아가지 않도록 손잡이를 붙잡고 있는 힘이 구심력입니다.

  채를 강하게 휘두르면 골프채가 밖으로 날아가려고 하는 힘을 느낄 수 있습니다. 손을 놓으면 실제로 골프채는 날아가 버리죠. 이 힘이 원심력입니다. 원심력을 설명하기 위해서는 먼저 관성에 대해서 알아야 합니다.

  관성이란 물체가 계속 움직이려고 하는 성질입니다. 예를 들어서 우리가 공을 굴리면 누가 붙잡기 전에는 앞으로 계속 굴러갑니다. '어, 이

상하다. 아무도 붙잡지 않아도 공은 언젠가 멈추는데?' 하고 생각한 친구들도 있죠? 물론 그렇죠. 그건 우리가 지구에 살고 있기 때문에 멈추는 거예요. 공은 굴러가다가 지구가 당기는 중력의 영향도 받고, 공기와 부딪치기도 합니다. 또 땅과 공 사이에 '마찰'이란 것도 생기고요. 그래서 공은 저절로 멈추죠.

우주 공간과 같이 공기도 없고 중력도 작용하지 않는 곳에서 공을 던지면 공은 멈추지 않고 한없이 날아간답니다. 그래서 우주를 여행할 때는 연료가 조금밖에 없어도 먼 거리를 갈 수 있죠.

골프채에는 무거운 머리가 달려 있습니다. 이 골프채를 휘두르면 무거운 머리 부분은 계속 앞으로 나아가려고 하죠. 바로 관성 때문입니다. 이때, 우리가 손잡이를 잡고 있기 때문에 머리는 빙그르르 원을 그리게 됩니다. 원을 그리면서 앞으로 나아가려고 한다는 뜻으로 이 힘을 원심력이라고 부릅니다.

원심력은 아주 많은 곳에서 발견할 수 있는데요. 팽이가 돌 때도 원심력과 구심력이 균형을 맞추고 있기 때문에 쓰러지지 않는 것입니다. 맷돌도 그렇고요. 맷돌에 콩을 갈면 원심력에 의해서 다 갈린 콩들이 돌 틈으로 빠져 나오는 것을 볼 수 있습니다. 원심력 때문에 가벼운 콩 껍질이 밖으로 나오는 것입니다. 과학을 알고 골프를 알면 더욱 재미있답니다.

2장

소년 골프를 만나다

 ## 내 가슴에 작은 불씨

"선장이 되는 것이 좋겠다."

경주의 아버지는 경주가 고등학교에 갈 때가 되자 선장이나 기관사가 되라고 하셨어요. 바닷가 마을에서 선장은 선망의 대상이었죠. 그래서 경주도 완도수산고등학교에 가게 되었어요. 그곳에서 공부를 하면 물고기나 해산물을 양식하는 방법을 배우거나, 배를 운항하고 수리하는 법을 배우게 되죠. 선장이 되기에는 좋은 조건을 갖춘 학교였어요.

입학 첫날이었습니다.

"중학교 때 역도를 해봤거나, 해보고 싶은 사람 있으면 앞으로 나와라."

경주는 깜짝 놀랐습니다. 이게 웬 기회냐 싶었죠. 그래서 재빨리 앞으로 뛰어나갔습니다.

열 명 정도가 앞으로 달려 나왔습니다. 선생님은 앞으로 나온 학생들을 찬찬히 둘러보셨습니다. 그러더니 학생들을 두 줄로 세우는 것이었어요.

"넌 이쪽, 넌 저쪽."

경주는 오른쪽 줄에 서게 되었지요. 경주는 주변을 두리번거렸지만 아무것도 없었어요. 그때 선생님이 말씀하셨지요.

"왼쪽은 역도, 오른쪽은 골프다."

경주는 어리둥절했죠. 앞에 서 있던 친구가 경주에게 물어보았어요.

"골프가 뭐냐?"

"나도 몰라."

그때까지 경주는 골프라는 것을 들어본 적도 없었던 겁니다. 나중에 세계적인 골프 선수가 되는 경주에게 기회는 이렇게 우연히 찾아왔습니다. 여러분에게도 언제 기회가 찾아올지 모릅니다.

기회는 준비된 사람만이 잡을 수 있다고 하죠? 어릴 때부터 어떤 일이든지 기초를 튼튼히 하고 준비하면 기회가 왔을 때 경주처럼 꽉 잡을 수 있답니다.

골프부는 수업이 끝나고 체육과로 모였습니다.

"자, 너희들은 이제 나를 따라와라."

선생님은 학생들을 언덕 위로 데리고 갔습니다. 그곳에는 경주가 예전에 들어가 보았던 꿩 사육장이 있었습니다. 물론 그 안에 꿩은 없었죠. 경주가 꿩 사육장인 줄 알았던 그곳은 사실 골프 연습장이었습니다.

선생님은 학생들을 안으로 들어오게 한 다음 시범을 보여주었습니다. 선생님은 채를 들고 바닥에 있는 공을 딱 하고 쳤습니다. 공은 시원하게 날아갔습니다.

"이제 너희들이 이렇게 해보는 거다. 만약 저 앞에 그물까지 공을 치지 못하면 여기 바닥에 있는 공들을 모두 주워야 한다. 그물까지 공을 친 사람만 면제다."

경주는 가슴이 철렁했습니다. 바닥에는 언뜻 보기에도 공이 수

천 개나 깔려 있었습니다. 경주는 예전에 고구마 밭에서 일할 때가 생각났습니다. 고구마 수천 개를 줍고 나면 허리가 끊어질 듯 아팠습니다. 이 공들을 주우려면 또 그만큼 고생할 것이 뻔했습니다.

'꼭 저 그물 너머로 공을 쳐야겠다.'

경주는 그렇게 결심했지만 쉬워보이지는 않았습니다.

첫 번째 학생이 공을 바닥에 놓더니 힘껏 휘둘렀습니다. 그런데 공을 치지도 못하고 헛스윙만 크게 하고 말았습니다.

"선생님 한 번만 더 칠게요."

그 학생은 사정을 했지만 통하지 않았지요.

"다음."

선생님의 구령에 맞춰 두 번째 학생이 자리를 잡았습니다.

팅, 텍데루르르.

공은 멀리 날아가지 못하고 빗맞아서 바로 앞으로 데굴데굴 굴러갔습니다. 두 번째 학생도 얼굴이 빨개져서 자리로 돌아갔습니다. 드디어 경주의 차례가 왔습니다.

경주 역시 골프채를 잡은 것은 처음이었습니다. 경주는 마치

야구하듯이 채를 힘껏 휘둘렀습니다. 채에서 경쾌한 소리가 나더니 공이 멀리 포물선을 그리며 날아갔습니다.

경주에게 그 장면은 마치 슬로우비디오처럼 보였습니다. 흰 공은 멀리 날아갔지만 그 장면은 경주의 가슴속의 열정을 불태우는 불씨로 남았습니다. 경주는 그 짜릿한 느낌을 잊을 수 없었습니다.

그 순간 경주는 깨달았습니다. 앞으로 무엇을 해야 할지 정확히 알 것 같았습니다.

경주가 감격에 젖어 있는 동안 다른 친구들은 아래로 내려가서 열심히 공을 줍기 바빴습니다. 그물을 넘긴 사람은 그날 오로지 경주 한 명뿐이었던 거죠.

# 거울은 나의 스승

꿈을 정하자 경주는 골프에 무섭게 빠져들었습니다.

매일 날이 저물 때까지 골프채를 손에서 놓지 않았습니다. 원래 골프는 잔디 위에서 하는 스포츠입니다. 잔디가 펼쳐진 녹색 경기장을 보고 그린(green)이라고 부르죠. 그런데 수산고등학교에는 정식 골프 연습장이 없었습니다. 그래서 운동장에 깡통을 묻어 놓고 공을 굴려서 넣는 연습을 했죠. 땅이 울퉁불퉁하기 때문에 잔디 위에서 하는 것보다 더 집중해야 공이 제대로 굴러갔어요.

공을 멀리 치는 스윙 연습을 할 때는 쇠파이프로 폐타이어를

때리는 훈련을 했어요. 묵직한 쇠파이프로 타이어를 때리면 손에 찌르르 하는 느낌이 오죠. 그 느낌을 이겨내기 위해서는 자세를 바르게 하고 손목에 힘을 꽉 주어야 했어요.

훈련 방법은 구식이었지만 선수들의 기초를 기르기에는 그 당시로서는 더없이 좋은 훈련이었습니다. 경주는 다른 학생들보다 공을 훨씬 멀리 칠 수 있었는데, 남다른 체격 조건 덕분이었어요. 역도를 할 때 방해가 되었던 기다란 팔이 이번에 유리하게 작용했어요.

팔이 기니까 채를 휘두르는 원심력이 커져서 공을 더 힘차게 칠 수 있었던 거예요. 야구로 예를 들자면 홈런을 노릴 때 배트 끝을 잡고 휘두르는 것과 같은 원리예요. 그래야 더욱 큰 힘이 공에 전달되기 때문이지요.

힘차게 채를 휘두르려면 다리가 단단하게 버텨주어야 하는데 경주는 역도 훈련을 한 덕분에 다리가 보통 두꺼운 것이 아니었어요. 경주의 허벅지는 무려 28인치예요. 얼마나 두꺼운 것이냐 하면 여러분들의 허리보다 두꺼운 것이고, 텔레비전을 보면 나오는 걸그룹 누나들의 허리가 24인치니까 날씬한 성인 여자의 허

리보다 두꺼운 것이죠.

"이놈아 골프가 얼마나 돈이 많이 들어가는 운동인 줄 알아?"

아버지는 경주가 골프를 하면 집이 망한다고 생각했습니다. 골프는 그만큼 돈이 많이 들어가는 운동입니다. 때문에 아버지가 반대를 했지만 경주의 가슴속에 들어온 불꽃을 꺼트릴 수는 없었습니다.

경주는 매일 언덕 위에 있는 골프연습장을 찾아갔습니다. 그 골프연습장의 주인은 추강래 사장님인데, 이후 경주의 재능을 알아보고 많은 도움을 주었습니다. 그래서 최경주 선수는 지금도 추강래 사장님을 추 사부라고 부릅니다.

경주는 추 사부의 도움으로 여러 가지 기술을 익혔지만 사부도 전문적인 골프 선수가 아닌지라 경주를 전문적으로 가르쳐 주지는 못했습니다. 그래서 경주는 잭 니클로스라는 선수가 쓴《골프 마이웨이》란 교본을 보고 혼자 공부했습니다.

그때까지 경주는 잭 니클로스란 선수가 어떤 선수인지도 제대로 몰랐습니다. 잭 니클로스는 골든베어(황금 곰)란 별명으로 유명한, 역사상 가장 위대한 골프 선수 중 한 명입니다. 골프 선수들은

4대 메이저대회에서 우승하는 것을 평생의 꿈으로 안고 살아갑니다. 최경주 선수도 아직 메이저대회에서 우승한 적은 없죠. 그런데 잭 니클로스는 메이저대회에서만 18번이나 우승을 했고, 19번 2위, 9번 3위를 했습니다. 최경주 선수가 평생 꼭 한 번이라도 우승을 해보고 싶어하는 메이저대회인 마스터스 대회에서만 6번이나 우승한 선수입니다.

잭 니클로스는 경주에게 우상이 되었습니다.

경주는 《골프 마이웨이》를 읽고 또 읽었습니다. 삽화를 그대로 따라하고 영어로 된 용어는 발음 그대로 한글로 옮겨 적었습니다. 그런데 그 책에서 눈에 띄는 글귀를 발견했습니다.

"최고의 스승은 나 자신과 거울이다."

경주는 무릎을 쳤습니다.

"아하, 내 모습을 거울로 보면서 연습하면 자세를 잡을 수 있겠구나."

그때부터 경주는 커다란 거울 앞에서 스윙 연습을 계속했습니다. 보통은 공을 칠 때 자신의 공을 보는데, 경주는 앞의 거울만 보면서 연습한 것이죠. 그러다 보니 공을 보지 않고도 정확히 칠 수 있었습니다.

매일매일 연습을 거듭한 덕분에 주위에서 경주를 알아보고 도와주는 분들도 생겼습니다. 어느 날 추 사부가 말했습니다.

"경주야, 이제 제대로 된 골프장에서 한번 쳐봐야지?"

"제가 어떻게……."

경주는 놀랐습니다. 진짜 골프장에 가려면 만만치 않은 돈이 듭니다. 학생인 경주로서는 진짜 골프장에 갈 만한 돈이 없었던 것입니다.

"걱정하지 마라. 내가 어르신들에게 잘 말해두었으니 경험이라고 생각하고 한번 다녀와라."

완도 주변에는 미역 공장을 운영하는 어른들이 많이 있었는데, 추 사부가 어른들에게 경주를 진짜 골프장에 데려가 달라고 부탁한 것입니다.

경주는 잠이 오지 않았습니다.

'진짜 골프장은 어떤 느낌일까? 어떻게 생겼을까?'

새벽 여섯 시, 광주에 있는 골프장에 도착한 경주의 눈에 비친 것은 파란 잔디가 끝없이 펼쳐진 신세계였습니다.

골프 경기는 18홀을 돌면 끝납니다. 대회를 치를 때는 18홀을 돌기만 해도 하루 종일 걸립니다. 18홀을 돌면서 걷는 거리가 대략 19킬로미터입니다. 커다란 운동장을 50바퀴는 돌아야 하는 거리입니다. 18홀을 다 돌고 나면 기운이 빠지는 게 당연합니다. 그런데 경주는 골프장에 온 김에 최대한 많은 연습을 하고 싶었습니다. 그래서 무려 세 바퀴나 돌았습니다. 공을 치면서 60킬로미터 가까이를 돈 것입니다. 운동장 150바퀴를 돈 것이나 마찬가지입니다. 마라톤을 할 때 뛰는 거리가 42.195킬로미터이니 얼마나 먼 거리인지 감이 오시나요?

그 모습을 본 어른들은 우리 동네에 인물이 났다면서 틈이 날 때마다 경주를 데리고 골프장에 갔습니다.

경주가 운이 좋아서 주변 사람들이 이렇게 많이 도와주었을까요? 그건 아닙니다. 사람들은 경주가 열심히 노력하는 모습을 보고 감동을 받아서 경주를 도와준 것이죠.

여러분들도 '왜 나는 아무도 안 도와줘!' 하며 투정만 부리지 말고 열심히 노력하는 모습을 보여주세요. 그러면 멋진 누군가가 나타나 여러분을 도와줄 것입니다.

 ## 무작정 서울로

처얼썩, 쏴아아.

파도 소리가 근사합니다. 경주가 살던 곳에서 배를 타고 조금만 가면 '명사십리'라는 아주 근사한 해수욕장이 나옵니다. 바람이 불면 사라락 하는 모래 소리가 들리는 모래사장으로 유명한 곳이죠. 모래 소리가 십리를 간다고 붙인 이름이 명사십리입니다.

명사십리는 경주와 친구들의 골프 연습장이기도 했습니다. 골프장에는 벙커란 것이 있습니다. 벙커는 원래 전쟁터에서 군인들이 몸을 숨기기 위해 땅을 파놓은 것을 말하는데, 골프장에도 그렇게 땅이 움푹 파인 곳을 곳곳에 만들어 장애물로 사용합니다.

벙커에 공이 빠지면 아주 곤란하지요. 벙커의 바닥에는 모래가 깔려 있어서 공이 굴러가지 않습니다. 벙커에 빠진 공을 얼마나 잘 쳐서 벙커를 탈출하느냐는 골프 선수에게 매우 중요한 기술입니다.

그런데 경주는 틈만 나면 명사십리 모래사장에서 공을 치는 연습을 한 덕분에 벙커가 하나도 두렵지 않았습니다. 다만 공을 주우러 다니는 것은 좀 귀찮았지만요.

이 명사십리가 경주에게 귀중한 인연을 만들어주었습니다.

서울 한서고등학교의 이사장님이 명사십리를 구경하러 왔습니다. 이사장님은 골프를 매우 좋아하셨는데, 완도에 골프연습장이 있다고 하여 관광을 마치고 추 사부의 연습장에 들른 것입니다.

그날도 경주가 연습을 하고 있던 것은 물론이었지요. 경주는 '거울은 나의 스승이다' 라는 잭 니클로스의 말에 따라 거울을 앞에 두고 공을 치는 연습을 하고 있었습니다.

이사장님이 보기에는 매우 신기한 광경이었죠. 공을 보지도 않고 쳐내는 모습을 이사장님은 처음 보았던 것입니다. 물끄러미 바라보던 이사장님이 경주에게 다가갔습니다.

"프로님, 폼이 아주 멋지십니다."

'프로라니, 내가 아무리 노안이라고 해도……, 쩝.'

경주는 당황했습니다. 시험을 통과해서 직업적으로 골프를 치는 사람을 프로라고 부르는데, 이사장님은 겨우 고등학교 1학년생인 경주를 노숙한 프로라고 생각한 것입니다.

"저 프로 아닙니다. 이제 겨우 고등학교 1학년인걸요."

"그래? 아주 신기하구나."

이사장님은 경주에게 공을 몇 개 더 쳐보라고 했습니다. 경주는 문제없이 공을 쳐냈죠. 그러자 이사장님은 직접 공을 치더니 자세에 문제가 없는지 봐달라고 했습니다.

경주는 알고 있는 지식을 총 동원해서 이사장님의 자세를 교정해주었습니다.

"녀석, 골프만 잘 치는 줄 알았더니 가르치는 것도 아주 제법이구먼."

이사장님은 그렇게 말하고 경주에게 명함을 주었습니다. 경주가 받은 최초의 명함이었죠.

"네가 서울에 오면 내가 먹고 자는 것을 책임지고 일주일에 두

번씩 경기장에 내보내주마."

이사장님은 약속했습니다. 경주는 이사장님의 명함을 손에 꼭 쥐었습니다.

그날부터 경주는 잠이 오지 않았습니다. 사실 경주는 광주에 있는 진짜 골프 경기장에서 연습을 해보고 나서 골프에 대한 상사병에 더욱 깊이 빠져 있었습니다. 연습장이 아닌 더 넓은 곳에서 제대로 실력을 발휘하고 싶었죠.

한 번이라도 더 잔디가 깔린 경기장에 가고 싶어서, 용돈을 모았습니다. 경기장에 가서 아무도 들어가지 않는 숲속을 뒤져서 남들이 잃어버리고 간 골프공들을 모았죠. 골프공도 다 돈을 주고 사야 했기 때문에 한 푼이라도 아끼고 싶은 마음이 있었고, 또 집에 와서 골프공들을 깨끗이 씻은 다음 골프 경기장 앞에서 팔기도 했던 것이죠. 그 돈을 모아 경기장을 가는 데 쓰려고 했습니다.

그런데 일주일에 두 번이나 경기장을 보내주겠다고 하는 말을 듣고 가슴이 뛰지 않을 리가 없었죠.

'사람은 서울로 보내고 말은 제주로 보내라고 했는데……'

경주는 큰물에서 놀고 싶었습니다. 아직 한 번도 가보지 못한 서울이었지만, 그곳에서 마음껏 활개를 펼치고 싶었습니다.

"아버지, 어머니 저 서울로 가겠습니다."

"무슨 소리를 하는 거냐. 서울에 아는 사람이 누가 있다고. 안 된다."

부모님은 걱정이 되어서 경주가 서울로 가는 것을 말렸습니다.

"선생님, 저 서울로 가고 싶습니다."

"그러면 이 수산고등학교 골프부는 어떻게 하라는 말이니."

선생님도 경주가 서울로 가는 것을 말렸습니다.

경주는 고민했습니다. '그래도 남자가 칼을 뺐으면 휘둘러 봐야지.' 경주는 큰 결심을 하고 겨우 1만 5000원을 들고 혼자 서울로 향했습니다.

경주의 손에는 이사님의 명함이 들려 있었습니다.

 ## 눈물 나는 서울 생활

"어휴, 어지러워. 여기가 어디냐?"

서울에 처음 가본 경주는 정신이 없었습니다. 이사장님에게 전화를 하니 600번 버스를 타고 학교 앞으로 오라고 말씀하셨습니다. 서울에는 버스도 많았습니다. 경주가 생각하기에는 600번이나 601번이나 매한가지일 것 같았습니다. 타고 가다 보면 비슷하게 갈 줄 알았죠. 그래서 경주는 먼저 오는 601번을 탔습니다.

버스는 씽씽 달렸습니다. 경주는 창밖으로 보이는 서울 풍경을 눈을 똥그랗게 뜨고 바라보았죠. 그런데 점점 버스가 한적한 곳으로 달리더니 종점이라고 하는 것이었습니다.

경주는 차에서 내렸습니다. 주위를 살펴보는데 비행기가 바로 머리 위로 날아갔습니다.

"아저씨, 여기가 어디에요?"

경주는 지나가던 아저씨에게 물어보았습니다.

"여기가 어딘지도 몰라? 김포공항이잖아."

아차차, 큰일 났습니다. 전혀 엉뚱한 버스를 타고 온 것입니다. 경주는 다시 김포공항부터 물어물어 한서고등학교를 찾아갔습니다.

"이사장님, 이제 저 책임지셔야 합니다."

경주는 이사장님과 약속을 단단히 했습니다. 먹고 자게 해주는 것과 골프 연습을 시켜준다는 약속을 받아낸 것입니다. 이사장님은 경주가 당돌하게 느껴졌지만 그 재능과 열정에 감복해 모든 책임을 지겠다고 했습니다.

경주는 이사장님의 약속을 받고 그날 다시 완도로 내려 왔습니다.

"아버지, 어머니, 서울에서 이사장님이 저를 책임져주기로 했어요. 이제 걱정하지 않으셔도 돼요."

경주의 부모님은 열일곱 살밖에 안 된 경주를 혼자 서울로 보내는 것이 걱정스러웠어요. 그래서 근처에 사는 친척들까지 모두 모여서 가족회의를 했죠.

결국 확고한 경주의 뜻을 따르기로 했어요.

"그래, 네가 원하는 것이니 한번 마음껏 해봐라."

부모님의 허락이 떨어지자 수산고등학교에서도 허락을 해주었어요. 경주의 재능을 더 꽃피워주기 위해 허락한 것이죠.

경주는 드디어 한서고등학교로 전학을 갔습니다. 그런데 문제는 또 있었어요. 한서고등학교에는 정식으로 골프부가 없어서 학교에서는 연습을 할 수 없었어요. 그래서 경주는 학교 근처에 있는 골프연습장에서 생활하면서 연습했습니다. 경주는 그래도 행복했습니다. 눈을 뜨자마자 연습을 할 수 있었으니까요.

'꼭 이사장님에게 보답을 해야지.'

골프부가 없는데도 성심성의껏 도와주시는 이사장님에게 보답을 하는 길은 우승을 해서 학교를 빛내는 것뿐이라고 생각했습니다.

경주는 골프만을 생각하며 연습했습니다. 얼마나 열심히 연습했던지 채를 잡은 손이 펴지지 않는 날도 있었습니다. 하루 종일 채를 잡고 있어서 손이 굳어버린 것이죠.

"열심히 해라."

"염려 마세요. 제가 꼭 우승할 겁니다."

드디어 경주는 졸업을 앞두고 서울시장배 골프대회에 출전했습니다. 이 대회에서 우승해서 학교를 빛내리라 생각했습니다. 그동안 주위의 많은 분들이 도와주었고, 골프에 재능이 있다는 이야기도 많이 들었습니다. 게다가 열심히 연습을 했다는 생각에 자신도 있었습니다. 하지만……

탈락!

경주는 하늘이 무너지는 것 같았습니다. 본선에도 올라가지 못하고 예선에서 탈락하고 만 것이죠. 이사장님에게 미안했고 자신에게도 무척 화가 났습니다.

그동안 스스로 열심히 연습했다고 생각해서 자신만만했지만 그것은 자만이었습니다.

"이사장님 죄송합니다."

경주는 고개를 푹 숙였습니다.

"괜찮다. 앞으로도 기회는 얼마든지 있으니 오늘을 잊지 마라."

이사장님은 위로를 해주었습니다. 경주는 더욱더 노력해야겠다고 결심했습니다. 경주는 '그래 어차피 한 걸음 한 걸음 올라가는 거야. 누구라도 한꺼번에 세 걸음을 걸을 수 없어. 꾸준히 걸어가면 정상에 갈 수 있을 거야'라고 생각했습니다.

경주는 열일곱 살에 처음 골프를 시작했는데, 다른 전문적인 선수들에 비하면 상당히 늦게 시작한 편입니다. 골프대회에 출전하는 선수들은 대개 초등학교 고학년부터 골프를 시작합니다. 경주는 이제 골프를 친 지 겨우 3년밖에 지나지 않았습니다. 그 기간을 따라잡으려면 남들보다 더욱 열심히 노력하는 것밖에 방법이 없었습니다.

여러분은 혹시 '1만 시간의 법칙'이라는 말을 들어본 적이 있나요? 어떤 일에 정통하려면 1만 시간의 노력이 필요하다는 법칙이에요. 1만 시간이면 도대체 어느 정도의 시간일까요? 하루가 24시간이니까 꼬박 416일이 넘는 시간입니다. 그런데 사람은 잠도 자야 하고 밥도 먹어야 하고 학교도 다녀야 하고 어른이 되면 일도 해야 합니다. 이런 저런 시간 다 빼고 하루에 8시간씩 꾸준히 노력해도 3년이 넘게 걸립니다. 한 가지 일을 하루에 8시간씩 연습한다는 것이 보통 힘든 일이 아니죠.

경주는 그때까지 1만 시간의 법칙이란 것은 알지 못했습니다. 그저 남들보다 늦었으니 더 열심히 노력해야 한다는 생각밖에 없었는데도 답을 찾아갔던 것입니다.

경주는 이사장님과의 약속을 지키기 위해 프로 선수가 되지 않고 군대를 다녀온 후 다시 서울시장배 골프대회에 도전했습니다. 그리곤 우승 트로피를 들어올렸습니다.

경주는 트로피를 들고 학교로 달려갔습니다.

"이사장님, 보세요. 제가 우승을 했어요."

이사장님도 트로피를 보고 자신의 일처럼 기뻐했습니다.

"그래, 경주 네가 큰일을 했구나. 아주 장하다."

경주는 이사장님의 기뻐하는 모습을 보고, 앞으로 신세를 진 분들에게 꼭 은혜를 갚아야겠다고 결심했습니다.

골프로 배우는 과학 ❷
가속도와 무게

채가 길수록 원심력이 더 강해진다는 이야기를 들었죠? 그런데 왜 채가 길면 더 강한 힘이 나올까요? 그것은 가속도 때문입니다.

가속도는 움직이는 물체를 더욱 빠르게 움직이도록 뒤에서 밀어주는 것을 말합니다. 선수들은 골프채를 아주 강하게 휘두릅니다. 이 힘이 움직이고 있는 골프채를 더욱 빠르게 만들죠. 그러면 움직이는 물체에 계속 힘을 주면 물체는 점점 더 빨라지겠죠?

우리가 높은 곳에서 물체를 떨어뜨리면 속도가 점점 빨라집니다. 중력이 물건을 잡아당기기 때문에 가속도가 생긴 것이죠. 더 높은 곳에서 물건을 떨어뜨리면 더 빨라집니다. 더 높은 곳에서 떨어뜨린다는 말은 거리가 길어지는 것을 말하죠? 마찬가지로 채가 길어지면 회전하는 거리가 멀어지니깐 더욱 많은 가속도가 실리게 되고 원심력은 더욱 강해지는 것입니다.

또 골프채의 머리가 얼마나 무거운지에 따라서 공이 날아가는 거리가 바뀌는데요, 골프채 머리가 무거울수록 더 멀리 날아갑니다. 무거울수록 더 강한 '힘'을 받기 때문이죠. 힘이란 무게에 가속도를 곱한 것과 같습니다. 이것을 수식으로 F=ma라고 쓰죠. F는 힘, m은 무게, a는 가속도를 말합니다.

지금 말한 F=ma란 법칙을 발견한 사람이 바로 아이작 뉴턴이에요. 뉴턴은 1962년에 태어난 수학자이자 물리학자 그리고 신학자, 철학자였습니다. 뉴턴이 물리법칙을 정리한 덕분에 과학이 발달했고, 산업혁명이 일어날 수 있었습니다. 뉴턴은 물체가 움직이는 법칙을 세 가지로 정리했습니다.

첫 번째가 관성의 법칙으로 물체는 방해가 없으면 계속 움직이고 싶어 한다는 것입니다. 관성은 이전 시간에 설명을 했습니다.

두 번째는 가속도의 법칙으로 물체는 힘을 받으면 시간에 따라 다른 속도로 움직인다는 것입니다. 자동차를 운전하다가 엑셀을 밟으면 차가 빨리 가는 이유입니다. 이 두 번째 법칙을 수학적으로 정리하면 F=ma라는 수식이 나옵니다.

세 번째는 작용과 반작용의 법칙으로 어떤 물체에 힘을 주면 그 반대 방향으로 같은 힘이 작용한다는 것입니다. 우리가 단단한 공을 손으로 치면 공은 멀리 날아가지만 손도 아프죠? 손을 아프게 한 그 힘이 바로 반작용입니다.

정리해 보면, 골프채의 머리 무게가 무겁고 채를 빠르게 휘두를수록 공이 더 멀리 간다는 것이죠. 어떻게 생각하면 당연한 것 같지만, 이 모든 것이 아주 중요한 물리 이론을 바탕으로 하는 것이랍니다.

3장

한국을 넘어 세계로

첫 우승과 함께 찾아온 웨딩마치

"저, 혹시 돈은 받지 않을 테니 잠잘 곳은 있을까요?"

경주는 그때부터 프로 연습생 생활을 시작했습니다. 프로가 되기 전까지는 돈을 벌기 힘들기 때문에 골프연습장에서 일하며 연습도 합니다. 잠까지 해결할 수 있으면 더욱 좋죠. 오로지 골프선수라는 꿈 하나를 이루기 위해 어떤 어려움이라도 겪을 각오가 되어 있지 않으면 힘든 일입니다.

최경주 선수의 이야기를 할 때 빼놓을 수 없는 이야기가 최경주 선수의 아내 이야기입니다. 골프는 실력 못지않게 정신력도 많은 영향을 주는 스포츠입니다. 최경주 선수의 아내가 언제나 현명하게 최경주 선수를 도와주어서 지금의 최경주 선수가 있는 것이나 다름없다고들 말합니다. 마치 바보 온달과 평강공주의 이야기처럼 말이죠. 최경주 선수가 바보란 말은 '절대' 아닙니다.

그런 아내를 최경주 선수는 이렇게 어려운 연습생 시절에 만났습니다.

아는 분의 소개로 만난 아내를 보고 경주는 첫눈에 반해버렸죠. 아내는 당시 법학을 공부하는 대학생이었습니다. 경주가 보기에 아내는 참으로 아름답고 똑똑하고 겸손해보였습니다.

'저런 여자와 결혼해서 가정을 꾸리고 살면 얼마나 좋을까?'

그러나 아내는 경주가 마음에 들 리 없었지요. 매일 골프를 연습하다 보니 얼굴은 까맣게 탔고 몸은 깡말랐으며, 눈은 날카로워 보였습니다.

그러나 경주는 자신의 스타일처럼 우직하게 사랑의 메시지를 보냈습니다.

'진심은 언젠가 통하기 마련이지. 열심히 그리고 정직하게 노력하면 그녀의 마음도 열릴 거야.'

경주의 진실한 마음에 아내도 서서히 마음을 열었습니다. 그런

데 이번에는 아내의 할머니가 반대를 했습니다. 아직 경주가 연습생이었기 때문이죠. 연습생이란 정확하게 말하자면 아직 직업이 없는 것이나 마찬가지입니다. 아직 직업도 없는 사람에게 애지중지 키운 손녀를 시집 보내려니 마음이 놓이지 않았죠.

경주는 할머니를 안심시키기 위해 장담했습니다.

"할머니, 걱정하지 마세요. 꼭 제가 프로 테스트에 합격하여 당당하게 결혼하겠습니다."

경주는 장담했지만 프로 테스트를 통과하는 건 쉬운 일이 아닙니다. 골프 선수가 되려는 수만 명의 지망생 중에서 1년에 단 40명만이 프로가 될 수 있습니다. 수년 동안 도전하다가 결국 프로 선수가 되지 못하고 포기하는 사람도 부지기수입니다.

그러나 어렵다고 포기할 경주가 아니었습니다. 결혼이 아니더라도 프로 골프 선수는 꼭 이루어야 할 꿈이었습니다. 간절히 이루어야 할 이유가 하나 더 덧붙여진 것뿐이었습니다.

경주는 프로 테스트에서 이를 악물었습니다. 온 정신을 집중했고 실수를 하지 않으려고 할 수 있는 모든 노력을 기울였습니다. 절실한 이유가 있어서인지 경주는 첫 번째 도전에서 프로 테스트를 통과했습니다.

　드디어 꿈을 이루었습니다. 뛸 듯이 기뻤죠.

　그러나 꿈을 이루었다고 모든 일이 다 잘 풀린 것은 아닙니다. 당장은 연습생과 달라진 것이 별로 없었습니다. 여전히 골프연습장에 나가서 일을 해야 했고, 형편이 안 좋아서 주변 사람들에게 도움을 받아야 했습니다.

　처음에는 경주도 실망했습니다.

　'뭐 이래. 꿈에도 그리던 프로 선수가 되었는데 하는 일은 똑같잖아.'

　경주가 이 위기를 이겨낸 비결은 '더 큰 꿈꾸기'였습니다. 사람은 꿈을 이루었더라도 거기서 만족하면 더 이상의 발전은 없습니다. 어린이 여러분도 꿈은 결과가 아니라 과정이라는 생각을 꼭 해봐야 합니다.

　어린 친구들 중에 "내 꿈은 의사야" "내 꿈은 축구선수야" 하고 말하는 사람이 많이 있습니다. 그러나 더 발전하는 사람은 꿈을 이룬 후를 생각합니다. 의사가 되고 나면 수많은 환자들을 진료하고 치료하는 일을 해야 합니다. 축구선수가 되고 나면 경기에 나가기 전 끝없이 연습해야 하죠. 꿈을 이루었다고 만족해버리면 그 과정을 버티지 못하고 뒤떨어지게 됩니다.

"난 의사가 되어서 어려운 사람을 도우며 행복감을 느낄 거야" "축구 선수가 되어서 우리나라를 세계에 알리는 일을 내 행복으로 삼을 거야"처럼 계속 진행해 나갈 수 있는 꿈을 꾸는 어린이가 진정으로 현명한 어린이입니다.

경주가 어떤 꿈을 꾸었냐고요? 경주는 우리나라 골프 대회에서 우승해서 상금왕이 되겠다는 꿈을 꾸었습니다.

골프는 한 해에 얼마나 상금을 많이 받았느냐를 따져서 순위를 매깁니다. 즉 한 해에 가장 많은 상금을 받은 사람이 우리나라에서 가장 골프를 잘 치는 랭킹 1위가 되는 것이죠.

프로 선수가 된 후 경주는 여러 대회에서 2등을 했습니다. 아쉽게 우승을 놓치곤 했죠. 아쉽게 우승을 놓치자 한 기자가 경주에게 물어보았습니다.

"최경주 선수, 계속 2등만 하는데 아쉽지 않습니까?"

"괜찮습니다. 방귀를 자주 뀌다 보면 똥이 나오는 거죠."

열심히 하다 보면 좋은 결과가 있을 것이란 말을 무심결에 그렇게 말한 겁니다. 주변 사람들이 폭소를 터트리는 것을 보고 경주는 그만 얼굴이 빨개지고 말았습니다.

　그리고 1년이 지난 어느 날, 경주의 표현에 따르자면 똥이 나왔습니다. 1995년, 드디어 경주는 프로 골프 대회에서 우승을 차지했습니다. 상금도 무려 2700만 원이나 받았죠. 경주는 이 상금

을 받고 그동안 신세를 졌던 사람들을 찾아다니면서 돈을 다 갚았습니다. 아무 대가 없이 경주에게 투자했던 분들에게도 은혜를 꼭 갚고 싶었던 거죠.

그리고 1996년에는 당당하게 사랑하는 아내와 결혼을 했고, 새로운 꿈인 상금왕도 이루었습니다. 이때 받은 상금이 1억 4000여만 원인데 이때 자장면 값이 1300원에서 1500원을 하던 시절이니 무려 자장면 10만 그릇을 먹을 수 있는 돈을 벌었습니다. 매일 세 끼 자장면을 먹어도 90년을 넘게 먹을 수 있는 큰돈이었습니다.

모든 꿈을 이룬 경주는 이제 만족했을까요? 그렇지 않습니다. 더없이 행복한 이 순간에도 경주는 새로운 꿈을 꾸게 됩니다.

 ## 난 미국으로 갈 거야

"도대체 몇 시간을 가야 하는 거야?"

최경주 선수는 1997년에 열린 월드컵 골프대회에서 국가대표로 뽑혔습니다. 최경주 선수는 선배인 박노석 선수와 함께 출전을 했습니다. 예선은 자메이카에서 열렸는데 24시간을 넘게 이동해도 도착하지 않았습니다. 자메이카는 아메리카 대륙 옆의 서인도제도에 위치한 섬나라입니다. 그때까지 우리나라에 자메이카까지 바로 가는 비행기가 없어서 여기저기를 거쳐 가야만 했죠.

최경주 선수는 시차적응 때문에 애를 먹었습니다. 눈을 뜨고 있어도 잠을 자는 것 같았습니다.

"저 녀석 졸면서 공을 치네."

박노석 선수가 혀를 쯧쯧 찼습니다.

워낙 연습을 많이 한 덕분인지 그렇게 졸면서 공을 쳤는데도 최경주 선수와 박노석 선수는 예선을 통과해 미국으로 이동하게 되었습니다. 최경주 선수는 미국의 골프장이 시설도 좋고, 대회의 규모도 엄청나다는 이야기를 많이 들었지만 실제로 미국에 가 본 것은 처음이었습니다.

어린 시절 최경주 선수가 완도에서 서울로 올라온 후 놀란 입을 다물지 못했듯이 골프 선진국인 미국에 와서 보자 다시 입을 다물지 못했습니다.

"그만 입 다물어라. 턱 빠질라."

박노석 선수가 질타를 했지만 놀라움은 거기서 끝나지 않았습니다.

"선배, 저기 봐요. 연습장이 잔디예요."

"그러네."

지금까지 최경주 선수와 박노석 선수는 연습장에 잔디가 깔려 있는 것을 본 적이 없었습니다. 게다가 보통 잔디도 아니고 최고

급 잔디가 깔려 있었습니다.

"이거 연습장 맞아?"

박노석 선수가 물어보았습니다.

"연습장은 맞는 것 같은데, 어떻게 하죠? 잘못하다 잔디를 상하게 하면 큰일 나겠는데요."

"그래. 잔디 상하지 않게 조심히 치도록 하자."

"그러죠."

조심 조심 공을 치다보니까 공은 멀리 날아가지 않고 직선으로 빠르게 날아갔습니다. 원래 공을 시원하게 멀리 치려면 공의 약간 아래쪽을 때려야 합니다. 그런데 그렇게 공을 치면 잔디가 다칠 수 있어서 조심하다 보니까 공이 직선으로만 날아간 것이죠.

몇 시간이나 연습을 했는데, 최경주 선수와 박노석 선수가 사용한 연습장은 잔디 하나 다친 곳 없이 깨끗했습니다.

시간이 조금 지나자 다른 나라 선수들도 연습을 하러 들어왔습니다. 그런데 다른 나라 선수들은 잔디가 파이는 것을 아랑곳하지 않고 마음껏 연습을 했습니다. 잔디가 채에 맞아 커다랗게 파여서 연습장을 날아다녔죠.

"뭐야. 잔디를 파도 되잖아!"

박노석 선수가 깜짝 놀라 소리쳤습니다.

"그러게요, 선배님. 이제라도 열심히 잔디를 팝시다."

최경주 선수와 박노석 선수는 지금까지 조심스럽게 공을 친 것이 억울해서 더 과감하게 연습했습니다.

공은 경쾌하게 날아갔고 잔디 또한 멀리 날아갔습니다. 두 선수가 연습을 끝내고 나니 잔디가 성한 곳이 없을 정도였습니다.

이뿐만 아니었습니다. 경기를 치르는 내내 선수들을 위해 음료수를 제공하는 등 대우가 훌륭했습니다. 경주는 돌아오는 비행기에서 생각했습니다.

'이왕 골프를 시작했으니, 이런 나라에서 골프를 쳐봐야 하는 것 아닐까?'

그때까지 우리나라 선수 중에 미국 프로 골프 대회에 출전한 선수는 아무도 없었습니다. 최경주 선수가 새로운 꿈을 꾸기 시작한 것입니다.

 ## 철저히 준비하자

"여보, 미국으로 갑시다."

최경주 선수의 아내는 깜짝 놀랐습니다. 그도 그럴 것이 그때까지 아무도 성공하지 못한 길을 가려고 하는 것이었으니까요.

"무슨 계획이라도 있어요?"

"미국에 진출할 5년 동안의 계획을 세우고 차근차근 진행할 예정이야."

그제야 아내는 마음이 놓였습니다. 무턱대고 미국으로 가자는 것이 아니라 충분한 준비를 한다는 그 계획이 마음에 들었습니다. 최경주 선수는 모든 일을 시작할 때 계단을 생각합니다. 미국

이라는 정상으로 가기 위해서 서둘지 말고 한 계단 한 계단 밟고 올라가야 한다고 생각한 것입니다.

최경주 선수는 먹는 것부터 차근차근 시작해 보았습니다. 보통 아침을 먹고 경기에 나서면 꼬박 6시간 정도를 아무것도 먹지 못합니다. 토종 한국인인 최경주 선수는 베이컨과 계란프라이를 먹고도 힘을 낼 수 있을까 고민이 되었죠. 평소에 된장찌개에 밥을 한가득 먹고 나가도 금세 배가 고파졌었거든요.

그래서 미국에 진출하자고 마음먹은 순간부터 미국에서 쉽게 구할 수 있는 토스트, 계란프라이, 베이컨 등을 먹고 경기에 나섰습니다. 그런데 예상 외로 속이 든든했습니다. 음식은 합격!

그다음은 시차 적응에 대한 테스트를 하기 시작했습니다. 미국은 워낙 땅이 넓어서 지역별로 시차가 나기 때문에 우리나라에서처럼 규칙적인 생활을 할 수 없을 것 같았습니다.

그래서 어떤 날은 세 시간만 자고 경기를 해보기도 하고, 다음 날은 아홉 시간을 자고 경기를 해보기도 했습니다. 생각 같아서는 잠을 푹 자고 나면 경기가 더 잘될 것 같은데 이상하게도 잠을 적게 잔 날 경기가 더 잘되었습니다.

최경주 선수는 그 해답을 정신력에서 찾았습니다. 세 시간을 자면 계속 몸의 상태가 안 좋다는 생각을 하기 때문에 자연스럽게 긴장하게 됩니다. 그래서 경기가 끝날 때까지 집중하는데, 오히려 몸의 상태가 좋으면 자만하게 된다는 뜻이었습니다.

　최경주 선수는 짧은 시간을 자더라도 푹 자는 훈련을 했습니다. 결과는 '합격!'이었죠.

　이제 본격적으로 미국 프로 골프 대회에 도전하기로 했습니다. 미국 프로 골프 대회, 즉 PGA에 참가하기 위해서는 큐스쿨(Qualifying School)이라는 대회를 통과해야 합니다. 큐스쿨을 통과해야 PGA에 참가할 자격이 생기는 거죠.

　큐스쿨은 예선 1, 2차전 그리고 본선으로 진행되는데 매년 세계에서 골프를 잘 친다는 선수 1500여 명이 참가합니다. 그중에서 30위 안에 들어야 PGA에 참가할 수 있습니다. 게다가 큐스쿨에 참가하는 사람들 중에는 PGA에서 이미 우승해봤던 대단한 선수도 있습니다. PGA에서의 전년도 성적이 125등 밖이면 다시 큐스쿨을 통과해야 하기 때문입니다.

　신인들을 상대하기도 버거운데 경력이 뛰어난 선수까지 넘어

30위 안에 들어야 하니 마치 하늘에 별 따기만큼 어려운 시험입니다.

최경주 선수는 차근차근 준비했기 때문에 충분한 자신감을 가지고 대회에 참가했습니다. 그런데 그만 예선 1차전에서 탈락하고 말았죠. 최경주 선수는 큰 충격을 받았습니다. 대한민국의 상금왕이 겨우 예선 1차전에서 탈락하다니요.

"걱정하지 마. 난 다시 일어설 거야."

최경주 선수는 실망하는 대신 무엇이 문제인지를 분석했습니다. 가장 문제가 되는 것은 경기장의 차이였습니다. 잔디도 차이가 났고 공을 넣어야 하는 홀컵까지의 거리도 많이 달랐습니다. 최경주 선수는 세계 여러 나라의 경기장을 다녀보는 것이 가장 좋은 연습이라는 데에 생각이 미쳤습니다.

"그래, 먼저 아시아부터 차근차근 준비하는 거야."

최경주 선수의 눈은 벌써 세계무대를 향했습니다.

 ## 일본을 거쳐 미국으로

"그 보따리가 뭐야?"

"이게 다 돈이래요, 돈."

최경주 선수가 아내와 일본에서 주고받은 대화입니다. 최경주 선수는 국내 대회가 아니라 중국에서 열리는 대회나 일본에서 열리는 대회에 많이 참가하기로 했습니다.

그중 일본에서 열리는 '기린오픈'이라는 대회에 참가했을 때의 일이죠. 상대 선수와 점수가 똑같아서 연장전까지 가는 접전을 벌였지만, 결과는 우승이었습니다.

해외에서 열리는 대회에서 처음으로 우승을 했으니 얼마나 기

뻐했을까요? 기자들도 최경주 선수의 해외 우승을 축하하러 몰려들었습니다.

최경주 선수는 인터뷰를 하러 가면서 아내에게 말했습니다.

"저쪽에 가면 상금을 준다니까, 좀 받아와."

인터뷰를 마치고 조금 있으니 아내가 커다란 보따리를 들고 왔습니다. 일본에서는 우승을 하면 그 자리에서 우승 상금을 현금으로 주는 전통이 있다고 합니다. 최경주 선수는 그 사실을 몰랐던 거죠. 우리나라 돈으로 무려 1억 4000만 원이나 되는 돈을 종이 가방에 넣어줬으니 황당할 수밖에요.

최경수 선수와 아내는 혹시라도 그 돈을 보고 도둑이 들어올까 봐 호텔에서도 가슴을 졸였답니다.

최경주 선수는 연이어 출전한 대회에서도 우승을 차지했습니다. 2억 원이나 되는 상금을 또 받았습니다. 상금도 물론 기뻤지만 최경주 선수에게 생각지도 않은 소식이 들려왔습니다.

"일본에서 상금 순위 10위 안에 들면, 미국 큐스쿨 예선전을 면제해준대. 단 세 명만."

"그래? 그렇다면 일본 대회에 적극 참가해야 하겠군."

최경주 선수는 큐스쿨 예선전에서 떨어진 경험이 있기 때문에 예선만 면제받아도 큰 도움이 될 것 같았습니다. 최경주 선수는 10위 안에 들기 위해 일본 대회에 적극적으로 참가했습니다.

최경주 선수가 항상 우승하는 것은 아니기 때문에 10위 밖으로 밀려날 때도 있었고, 10위 안으로 들어올 때도 생겼습니다. 그해 8월 말까지 10위 안에 들어야 하는데, 최경주 선수가 열심히 노력한 결과일까요? 8월 말에 정확히 10위가 되었습니다.

그런데 문제는 10위 안에 들어도 단 세 명에게만 기회가 주어진다는 사실이었습니다. 일본 대회도 상금 규모가 상당히 크기 때문에 굳이 힘든 미국으로 가려고 하지 않는 선수들이 많았습니다. 최경주 선수에게도 그런 유혹이 많이 있었습니다.

"일본하고 한국 대회만 출전하면 몸도 편하고, 상금도 많이 벌 수 있는데 굳이 미국까지 가야 하나?"

그러나 최경주 선수는 꿈을 포기할 수 없었습니다. 끝까지 도전해서 성취해야겠다는 마음이 더 컸습니다. 그래서 최경주 선수는 제발 위에서 8명 이상이 미국 진출을 포기하기를 바랐습니다.

최경주 선수의 기도를 들었는지 9위 안에 있는 선수들 중 7명이 큐스쿨에 참가하지 않겠다고 말했습니다. 이제 한 명만 더 미국으로 가지 않겠다고 하면 최경주 선수가 갈 수 있는 길이 열리는 것입니다.

　그런데 9위를 차지한 호소카와 선수가 미국으로 갈지 말지 결정하지 못해서 갈팡질팡하고 있었습니다.

　"호소카와, 미국으로 갈 거야?"

　"아니, 일본에 남을 거야."

　며칠 전에는 이렇게 말했다가, 다시 말을 바꾸기도 했습니다.

　"다시 생각해 봤는데, 미국으로 가는 게 좋을 것 같아."

　그리고 또 하루가 지나면 또 생각을 바꾸었습니다.

　"결혼도 해야 하니까 그냥 일본에 있을게."

　최경주 선수는 애가 탔습니다. 9위 선수가 빨리 결정을 해야 최경주 선수의 차례가 오기 때문이었습니다.

　대회 등록일 하루 전에 호소카와 선수에게 다시 연락이 왔습니다. 최경주 선수는 가슴이 두근거렸습니다.

　"아무래도 난 일본에 있어야 할 것 같아. 미국엔 네가 가라."

드디어 호소카와 선수가 마음을 결정했습니다. 최경주 선수는 호소카와 선수가 곁에 있었다면 뽀뽀라도 해주고 싶은 심정이었습니다.

최경주 선수는 미리 적응 훈련을 하고 싶어서 당장 미국으로 날아갔습니다.

드디어 큐스쿨이 시작되었습니다. 몇 년 전에 와봤던 때와는 다르게 경기는 잘 풀렸습니다. 하지만 워낙 잘하는 선수들이 많이 몰리다 보니 언제 탈락할지 몰라 아슬아슬했습니다. 우리나라 선수로서는 처음 큐스쿨을 통과할지도 모른다는 기대에 우리 교민과 방송국 기자들도 경기장에 많이 모여 있었습니다.

마지막 순간까지 통과가 될지 어떨지 알 수 없는 상황이었습니다. 모든 경기가 끝나고 통과자를 공식 발표했습니다. 주최측은 점수가 같은 사람이 많아서 공동 34위까지 통과시킨다고 발표했습니다. 최경주 선수는 극적으로 34위를 확보하고 큐스쿨을 통과했습니다.

구경 나온 교민과 방송국 관계자 모두 크게 환호하며 최경주 선수를 축하해 주었습니다.

지식창고

 골프로 배우는 과학 ❸
탄성계수

 골프 선수와 골프 용품을 만드는 사람들은 어떻게 하면 공을 멀리 칠 수 있을까를 끊임없이 연구합니다. 앞에서 이야기했듯이 가속도를 이용한 원심력과 골프채 머리의 무게 등을 연구합니다. 그리고 또 하나 중요한 것이 '골프채와 골프공을 무엇으로 만들었나' 입니다.

 여러분 주위에 공이 있다면 1미터 높이에서 떨어뜨려 보세요. 축구공이 튀어 오르는 정도와 탁구공, 고무공 등이 모두 다를 것입니다. 이 튀어 오르는 정도를 탄성계수라고 합니다.

 1미터 높이에서 떨어뜨렸을 때 다시 1미터를 튀어 오른다면 공의 탄성계수는 1입니다. 만약 80센티미터를 튀어 올랐다면 이 공의 탄성계수는 0.8입니다.

 초기에는 나무로 만든 골프공을 사용했습니다. 그러다가 가죽 공에 깃털을 채워 넣은 공을 사용했고, 말레이시아에서 나는 특수한 나무로 만든 공을 사용했습니다. 지금은 고무에 실을 묶은 후 겉을 플라스틱과 유사한 합성수지로 감싼 공을 사용합니다. 현재는 재료가 점점 좋아져서 공의 탄성계수가 무척 좋아졌습니다. 그래서 측정 장비로 공을 쳤을 때 시속 270킬로미터 이하로 날아가는 공만 사용하도록 규칙을 정했습니다.

탄성계수는 골프공에만 적용되는 것이 아닙니다. 골프채를 무엇으로 만들었냐에 따라서 많은 차이가 납니다. 예전에는 쇠와 나무로 만들었기 때문에 골프채를 아이언(iron)과 우드(wood)로 구분합니다. 지금은 쇠와 나무가 아니라 여러 가지 재료를 개발해서 만들고 있지만, 여전히 생김새에 따라 아이언과 우드로 구분합니다.

우드 중에서 공을 가장 멀리 칠 때 사용하는 채를 드라이버라고 부르는데, 드라이버는 공을 멀리 치는 데 사용하는 만큼 다양한 재질을 가지고 실험합니다. 1979년 이전까지는 모두 감나무로 만든 채만 사용했다고 합니다. 이후 강철을 이용한 채가 나왔고, 현재는 주로 탄성계수가 아주 뛰어난 재질인 티타늄을 이용해서 만든답니다. 티타늄은 가볍고 탄성이 좋아, 골프채 이외에 자전거 몸체, 안경테 등에 많이 사용하는 금속입니다.

역시 재료가 좋아지면서 PGA에서는 탄성계수가 0.83 이하인 드라이버만 사용하도록 규칙을 정했습니다. 골프 선수의 실력이 아니라 장비 덕분에 높은 점수를 받는 것을 막기 위해서였죠. 그러나 아마추어 대회에서는 그런 규정이 없기 때문에 높은 탄성계수를 가진 채를 마음껏 사용하고 있답니다.

4장

섬 소년 세상을 품다

 ## 외롭고 힘들어도 다시 도전해!

"Hi, I am KJ."

최경주 선수가 할 수 있는 유일한 영어였습니다. 최경주 선수는 중학교 때부터 운동만 하느라 영어를 공부한 적이 없었습니다. 중학교 시절 역도를 할 때 4교시가 끝나면 나가서 운동을 했는데 공교롭게도 영어 수업은 5교시 이후에 있었습니다. 그때부터 영어와는 담을 쌓고 살았던 것입니다. 미국 진출을 위해 영어 공부를 하기는 했지만 영어가 그렇게 쉽게 늘 리 없죠.

말이 통하지 않으니까, 무조건 OK, Yes만 외치고 다녔습니다. 그래서 다른 선수들은 물론 골프 선수를 도와주는 역할을 하는 캐디에게 무시 당하기도 했답니다. 하지만 최경주 선수는 낙천적인 성격으로 이런 푸대접을 이겨냈습니다.

'뭔가 나쁜 말을 하는 것 같은데, 알아들을 수 없으니 그냥 웃자.'

최경주 선수는 누가 말을 시켜도 웃으며 넘겼습니다. 시합을 하다가 불리한 판정을 받아도 웃으며 Yes라고 말했습니다.

최경주 선수가 이렇게 항상 모범적인 태도를 보인 이유는 영어를 잘하지 못해서이기도 했지만 늘 자랑스러운 한국인이라는 마음을 갖고 다녔기 때문이기도 합니다. 최초로 PGA에 진출한 한국인이기 때문에 자신이 불량한 태도를 보이면 한국인 전체를 나쁘게 볼지도 모른다고 생각한 것입니다. 최경주 선수는 자신을 국가대표라고 생각하고 몸가짐을 바르게 했습니다.

영어를 잘하지 못하니까 또 다른 단점도 있었습니다. 경기장까지 직접 차를 운전해서 가야 하는데, 이정표가 모두 영어라 쉽게 길을 찾지 못했던 것입니다. 그래서 남들보다 훨씬 일찍 출발을 해야 했습니다.

운전을 하다가 이정표를 잘못 봐서 길을 잃은 적도 많이 있었습니다. 그래서 하루는 다른 선수가 호텔에서 차를 몰고 나서는

것을 보고 뒤를 따라갔습니다. 그 선수가 당연히 경기장으로 갈 것이라 생각하고 뒤만 따르면 최소한 길은 잃지 않겠구나 하고 생각한 것이죠.

'어, 왜 저러지?'

그런데 그 선수가 경기장으로 가는 길을 놔두고 고속도로로 올라가는 것이었습니다.

'뭔가 지름길이 있겠지.'

최경주 선수는 어쩔 수 없이 그 선수 뒤만 졸졸 쫓아갔습니다. 그런데 그 선수는 경기장으로 가지 않고 대형마트로 향했습니다. 알고 보니 경기장으로 간 것이 아니라 아이를 위해 기저귀와 우유를 사러 온 것이었습니다.

최경주 선수는 하염없이 기다릴 수밖에 없었습니다. 다시 호텔로 돌아가는 길도 몰랐으니까요. 지금은 내비게이션이 발달해서 금방 길을 찾을 수 있지만 그때까지만 해도 지도와 이정표에 의지해야 했습니다.

익숙하지 않은 언어와 문화, 주변 선수와 관계자의 푸대접 등이 겹쳐서 그런지 최경주 선수의 성적은 신통치 않았습니다. 한국에서는 최고 선수 대우를 받았는데 미국에서는 저렴하고 아주 작은 호텔에서 쪼그려 잠을 자는 생활을 해야 했습니다. 매일 다른 곳에서 잠을 자다 보니까 아침에 눈을 뜨면 화장실이 어디인지 헷갈리기도 했습니다. 이런 생활을 반복하다 보니 후회하기도 했습니다.

'내가 꿈에도 그리던 미국까지 왔는데 이게 무슨 꼴이람.'

후회가 올 때마다 항상 믿어주는 가족을 생각하며 힘을 내고 다시 경기장으로 나섰습니다. 그렇게 고생을 해서 얻은 첫해 성적은 134위였습니다. 125위 안에 들어야 다음 해에 큐스쿨에 가지 않아도 되는데, 아쉽게도 최경주 선수의 성적은 그에 미치지 못했습니다.

'그래, 미국에 오기 위해 5년의 계획을 잡았는데 이제 경우 3년 지났어. 다시 도전이다.'

최경주 선수는 다시 일어나서 큐스쿨에 도전했습니다. 어떻게 보면 큐스쿨이 다른 큰 대회보다 더욱 떨리는 대회입니다. PGA에서는 거의 매주 대회가 열립니다. 이번 대회에서 잘못했으면 다음 대회라는 기회가 금방 찾아옵니다. 그러나 큐스쿨에서 탈락하면 1년 동안 PGA 대회에 참가할 수 없습니다. 그러니 더욱 긴

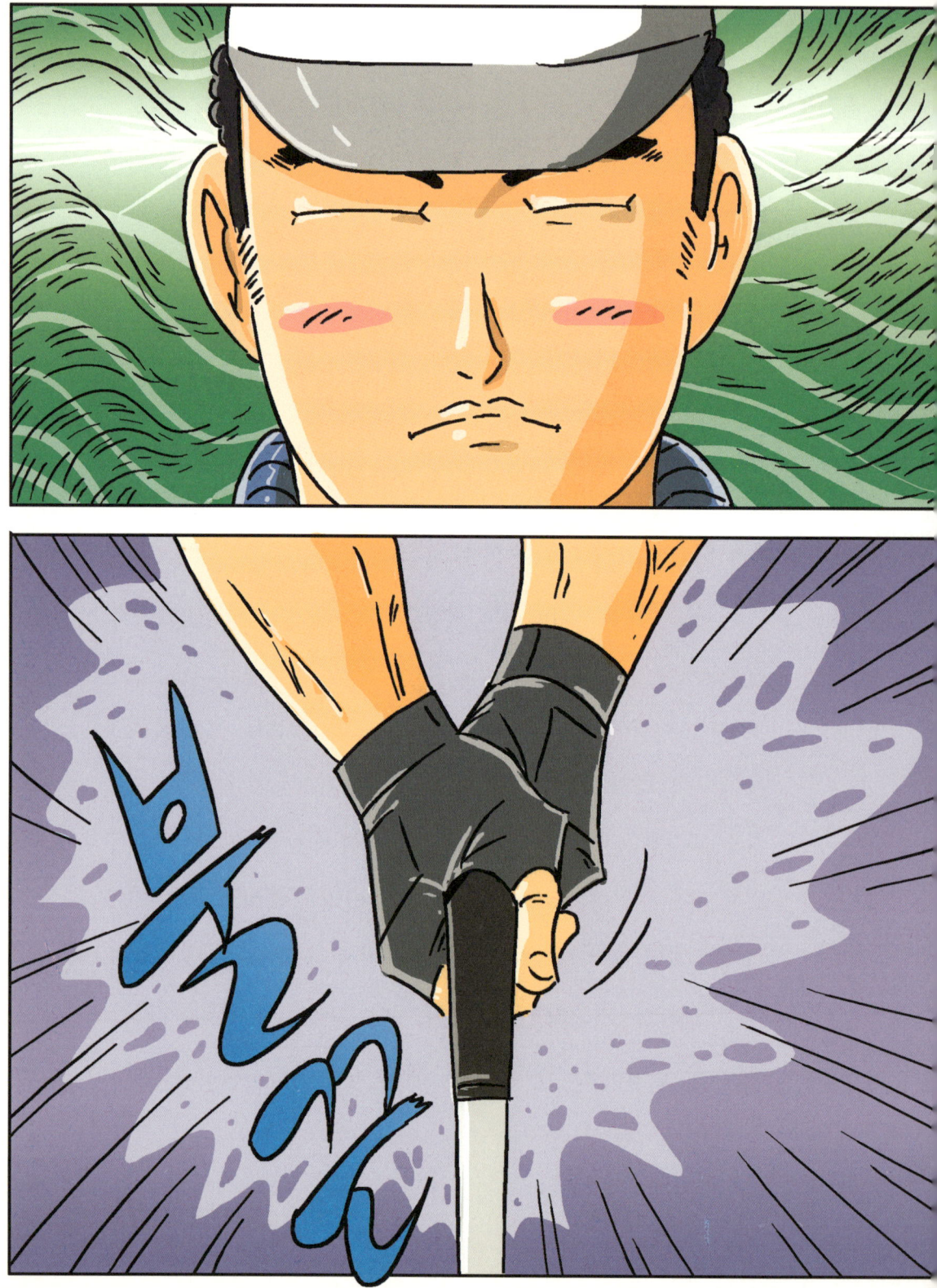

장되고 떨릴 수밖에요.

　최경주 선수는 마지막까지 긴장을 늦출 수 없었습니다. 30명 내외가 큐스쿨을 통과할 수 있는데 최경주 선수도 30등 근처에서 왔다 갔다 하는 성적을 거두고 있었으니까요.

　마지막으로 약 4미터 정도 떨어진 홀(구멍)에 공을 넣어야 큐스쿨을 통과할 수 있었습니다. 만약 실패하면 순위에서 밀려나 큐스쿨에서 떨어지게 되는 절체절명의 위기였습니다.

　최경주 선수의 손은 벌벌 떨렸습니다.

　'제발, 제발.'

　최경주 선수는 기도하는 마음으로 눈을 감았습니다. 그리고 잠시 후 눈을 뜨자 희한하게도 손의 떨림이 멈추고 마치 공이 홀까지 굴러갈 길이 난 듯 보였습니다.

　최경주 선수는 가볍게 골프채로 공을 굴렸습니다.

　또롱!

　공이 홀에 떨어지는 소리가 경쾌하게 났습니다. 최경주 선수의 통과가 확정되는 순간이었습니다. 작년의 실패를 거울삼아 다시 한 번 최경주 선수의 도전이 힘차게 시작되었습니다.

대한민국의 아들로서의 첫 우승

"그래 바로 그거야!"

최경주 선수는 PGA 경기를 치르면서 자신이 대한민국에서 온 사람이라는 것을 알리고 싶었습니다. 호주에서 온 선수를 보면 골프가방에 캥거루를 그리고 다니고 캐나다 사람은 단풍잎을 그리고 다니는 것을 보았습니다.

최경주 선수는 한국에 대한 이미지를 곰곰이 생각하다가 태극기에 그려진 태극문양을 떠올렸습니다. 물론 가게에서 살 수 있는 가방이나 신발 중에 태극문양이 그려진 것은 없습니다. 최경주 선수가 태극기 스티커를 구해서 떨어지지 않도록 단단히 붙이

고 물이 묻어도 지워지지 않도록 정성을 들여 만든 것이죠. 한 땀 한 땀 장인의 정성으로 말이에요.

　최경주 선수는 자랑스럽게 태극기를 붙이고 경기장을 누볐습니다. 스스로 대한민국의 대표라고 생각했기 때문일까요? 정말로 좋은 일이 생겼습니다.

　최경주 선수는 2002년 5월에 열린 PGA 대회에 참가했습니다. 그날 따라 날씨는 매우 더웠죠. 33도를 넘나드는 더위도 탱크를 막을 수는 없었나 봅니다. 최경주 선수는 처음부터 끝까지 느리지만 침착하게 경기를 벌였습니다.

　최경주 선수는 점수가 나오는 리더보드를 무심코 바라보았습니다. 1위를 달리고 있었죠. 그때까지는 아직 PGA에서 우승을 바라기에는 멀었다고 생각하고 있었습니다. 그래서 흥분하거나 긴장하지 않고 공 하나하나에 집중하겠다고만 생각했죠.

　2등 선수가 바짝 뒤쫓고 있던 순간이었습니다. 최경주 선수가 멋지게 스윙을 해서 공을 쳤습니다. 공은 쭉 뻗어나가더니 홀 근처에 떨어졌습니다. 그러더니 홀 쪽으로 또르르 굴러가는 것이었습니다.

"홀인원인가?"

홀인원은 단 한 번만 쳐서 홀에 공을 넣는 것을 말합니다. 프로 골프 선수들도 평생 한 번 해보기 힘든 것입니다. 실력과 운이 동시에 따라줘야 하거든요.

공은 아슬아슬하게 홀을 살짝 빗나갔습니다.

"아!"

관중석에서는 아쉬움에 탄식이 새어 나왔죠. 그러나 곧 최경주 선수에게 박수를 보냈습니다. 2위가 바짝 쫓아오고 있는 숨 가쁜 경기에서 담담하게 실력을 보여준 최경주 선수에게 보내는 찬사였어요.

마침내 경기가 끝났습니다. 여전히 리더보드 제일 윗자리는 최경주 선수 차지였죠. PGA에서 첫 우승을 한 것입니다.

최경주 선수는 관중석을 향해 두 팔을 활짝 벌리고 달려갔습니다. 그리고 관중석에서 기다리던 아내를 포옹하며 감격의 눈물을 흘렸습니다.

한국 선수로서 최초로 우승을 일구어낸 감격적인 사건이었습니다. 최경주 선수의 우승 소식은 고향 완도까지 전해졌습니다. 주민들은 최경주 선수의 집으로 몰려가 최경주 선수의 아버지와 어머니를 끌어안고 덩실덩실 춤을 추었습니다. 마을입구에는 플래카드가 걸리고 잔치가 열렸습니다.

최경주 선수의 어머니는 이렇게 말했습니다.

"그저께 꿈에 어미 돼지 한 마리가 집 안으로 들어오는 꿈을 꿨는데 그게 길몽이었나 보네요."

정말 돼지꿈을 꾸면 좋은 일이 일어나는 걸까요? 아무튼 최경주 선수는 완도의 자랑이 되었습니다. 완도 주민들은 최경주 선수를 완도가 낳은 최고의 자랑으로 여긴답니다. 그래서 지금은 완도에 최경주 선수의 이름을 딴 '최경주 광장'이라는 공원을 만들고, 최경주 선수 동상도 세웠습니다.

최경주 선수는 우승을 차지했지만 바로 다음 대회만을 바라보았습니다. 우승을 했다고 자만에 빠지면 더 이상 좋은 성적을 낼 수 없습니다. 그래서 자기가 가진 것을 모두 버리고 새롭게 도전

하는 것입니다. 최경주 선수는 이것을 '빈 잔의 철학'이라고 말합니다. 가득 찬 잔에는 더 이상 담을 수가 없죠. 그래서 빈 잔처럼 마음을 비워야 새롭고 가치 있는 것을 채울 수 있다고 믿는 것입니다.

  마음을 비우고 새롭게 앞으로 나아가기를 두려워하지 않은 최경주 선수는 그해에 또 한 번의 우승을 차지해 세계인의 머릿속에 최경주란 이름을 또렷이 새겨주었습니다.

잭 니클로스와 타이거 우즈

"잭 니클로스가 대회를 연다고?"

여러분, 잭 니클로스가 누구인지 기억하시나요? 바로 최경주 선수가 어렸을 적에 책장이 닳도록 읽은 골프 교과서《골프 마이 웨이》를 지은 전설적인 선수입니다. 최경주 선수가 우상으로 생각하는 선수이기도 하죠. PGA에서는 선수가 직접 대회를 주관하기도 하는데, 최경주 선수는 우상인 잭 니클로스가 직접 운영하는 대회라고 하니까 더욱 우승하고 싶은 욕심이 났습니다.

경기에 참가한 최경주 선수는 계속 선두를 달렸습니다. 그런데 그만 마지막 홀을 남기고 공을 벙커에 빠뜨렸습니다. 모래 구덩

이인 벙커에서 빠져나오는 일은 매우 까다롭습니다. 하지만 최경주 선수에게는 명사십리에서 연습한 실력이 있었습니다. 가볍게 채를 휘둘러 공을 모래 구덩이에서 빼냈습니다. 공은 홀 바로 옆에 멈춰 섰습니다. 이로써 또 한 번의 우승을 추가한 것입니다. 벌써 다섯 번째 우승이었습니다. 게다가 잭 니클로스가 주관한 대회에서 우승한 것이라 더욱 감격했습니다.

최경주 선수는 잭 니클로스가 지은 책으로 연습을 해서 지금에 이르게 되었다면서 감사의 말을 했습니다. 골프라고는 들어보지도 못한 완도 섬소년이 잭 니클로스의 책을 보고, 연습을 하고, 그가 주관한 대회에서 우승까지 한 이야기는 그 자체로도 감동이었습니다.

한 달 뒤, 최경주 선수는 또 다른 대회에 참가했습니다. 이번에 참가한 대회는 골프 황제 타이거 우즈가 주관한 대회였습니다. 과거의 황제가 잭 니클로스였다면 현재의 황제는 타이거 우즈였습니다. 타이거 우즈는 당시 겨우 서른 살의 나이로 메이저대회에서만 12번이나 우승해서 역사상 가장 뛰어난 골프 선수로 손

꼽힐 정도였습니다. 최경주 선수는 두 황제가 주관하는 대회에 연속으로 참가한 것입니다.

'이상하게 마음이 불안하네.'

대회 마지막 날을 앞두고 최경주 선수는 잠이 오지 않았습니다. 그날까지 2위를 하고 있었는데 마지막 날 따라잡아야 우승을 할 수 있는 상황이었습니다. 최경주 선수답지 않게 욕심을 부려서 그런 것일까요? 계속 불안했습니다.

'지면 어떻게 하지?' 하는 생각이 머리를 떠나지 않았습니다. 그런데 그날 밤 최경주 선수의 아내가 조용히 다가오더니 성경을 내밀었습니다.

"이 구절을 외우고 내일 경기에 나가 봐요. 반드시 힘이 될 거예요."

최경주 선수는 아내의 말을 믿고 성경 구절을 외웠습니다.

"너희가 나를 택한 것이 아니라 내가 너희를 택하여 세웠다. 그것은 너희가 가서 열매를 맺고, 너희 열매가 항상 있게 하기 위해서다. 그래서 내 이름으로 구하는 것은 무엇이든지 아버지께서 너희에게 주실 것이다."

몇 번을 읽고 외우고 또 외웠습니다. 성경 구절을 외우다 보니 마음이 편해진 것 같았습니다. 최경주 선수는 잊어버리지 않으려고 두 시간 동안이나 똑같은 구절을 외웠습니다.

최경주 선수는 아침에 일어나자마자 성경 구절을 외워보았습니다. 입에서 알아서 성경 구절이 술술 나왔습니다.

'됐어.'

최경주 선수는 아침식사를 하고 경기장으로 가서 연습을 하면서도 성경 구절을 외웠습니다. 기분이 좋아지고 마음이 편해졌습니다.

그런데 경기를 시작하기 위해 경기장에 들어섰을 때 문제가 발생했습니다. 처음으로 공을 치려고 하는데 성경 구절이 전혀 생각 나지 않았습니다.

기가 막힐 노릇이었습니다. 무려 두 시간이나 잠을 안 자며 외웠고 바로 전까지 또렷이 기억이 났었는데 말이죠.

'너희가……. 너희가……. 너희가…….'

긴장을 해서 외웠던 것이 하나도 생각나지 않고 '너희가' 라는 첫 단어만 생각났습니다. 그렇다고 경기를 미룰 수는 없으니까 일단 공을 쳤습니다.

최경주 선수는 공을 친 다음 걸어가면서 계속 성경 구절을 기억해 내려 애를 썼습니다.

"너희가……. 그 다음이 무엇이었더라?"

도무지 생각이 나지 않았습니다. 그래도 경기는 해야 하니까 다시 공을 치고 또 걸어가면서 성경 구절을 기억하려 정신을 집중했습니다.

정작 경기에 신경 쓰기보다는 성경 구절이 무엇이었는지 궁금해서 견딜 수가 없을 정도였습니다. 최경주 선수는 경기 진행 상황과 자기 성적이 담긴 스코어 카드를 아예 게임을 돌봐주는 캐디에게 맡겨버렸습니다. 오직 성경 구절만 떠올리려고 애썼습니다.

"너희가…… 다음 구절이 뭐였지? 너희가…… 다음이 뭐지?"

이런 식으로 경기가 거의 끝나갈 때까지 생각했습니다. 경기에만 집중해도 될까 말까한 상황에서 다른 데 정신을 팔고 경기를 한 것입니다. 일반적인 상식으로는 도저히 있을 수 없는 일이었

습니다.

최경주 선수는 문뜩 전광판을 바라보았습니다.

'어? 내가 1등이네? 이렇게 치고 있는데도?'

그리고 경기를 마치자마자 성경 구절이 거짓말처럼 술술 기억이 났습니다. 결국 이 경기에서 최경주 선수는 1등을 차지해 대회에서 우승했습니다.

"만약 처음부터 성경 구절이 기억났다면 어땠을까 생각해 봤죠. 온갖 생각을 하며 공을 쳤을 겁니다. '이번 홀에서는 이렇게 쳐야지, 다음에는 저렇게 해야지' 하고요. 그리고 선두 선수와 승부에 대한 엄청난 압박감과 스트레스를 제대로 버텨내지 못했을 수도 있습니다. 쉬운 일이 절대 아니거든요. 그런데 까먹은 성경 구절 때문에 그런 긴장을 하나도 안 느끼고 공을 친 거죠."

욕심을 비운다는 일이 쉽지는 않습니다. 하지만 욕심 때문에 사람은 여러 가지 안 좋은 일을 하기도 합니다. 여러분도 친구와 재미있게 놀아야 할 시간에 장난감을 서로 차지하겠다고 싸우다가 엄마에게 혼난 기억이 있지 않나요? 그때 서로 양보를 했다면 재미있는 시간을 보내고 기분도 좋았을 텐데요. 욕심을 부리다가

놀지도 못하고 기분만 나빠진 것이죠.

　최경주 선수는 현명한 아내 덕분에 교훈도 얻고, 두 황제가 주관한 대회에서 모두 우승하는 영광도 누렸습니다.

 ## 슬럼프는 없어

'좀 더 경기를 잘할 방법은 없을까?'

최경주 선수는 곰곰이 생각했습니다.

공을 멀리, 정확히 치기 위해 최경주 선수는 몸무게를 줄였습니다. 몸이 가벼워지면 스윙 속도가 빨라질 것이라고 생각한 것이죠. 그러나 몸속의 지방이 급격히 줄어들면서 허리의 근육이 뭉치고 아프기 시작했어요.

공을 정확하게 치게 되었지만 대신에 허리 통증이 심해 힘이 크게 떨어졌습니다. 골프는 허리 운동이 아주 중요한 스포츠입니다. 골프채를 휘두르는 스윙의 중심축이 바로 허리니까요. 그런

데 스윙을 할 때마다 아프다고 생각해 보세요. 어떻게 제대로 스윙을 할 수 있겠어요?

그래서 성적이 좋지 못했습니다. 워낙 정상급 선수들끼리 치르는 경기들이어서 아주 작은 차이가 결과에 커다랗게 나타납니다.

한창 잘나가던 선수 생활에서 커다란 장애물을 만난 셈입니다. 경기에 나가 아무리 마음을 비우고 정신을 집중하며 골프를 하려 해도 성적은 만족스럽지가 않았습니다.

누구나 이런 상황에서는 기분이 나빠지고 힘이 들기 마련이죠. 최경주 선수도 마찬가지였습니다.

"아! 정말 기록이 좋지 않네. 고국에서 나를 열렬히 응원해 주는 가족과 친지들이 걱정을 많이 하는데. 팬들도 나의 우승을 얼마나 기다리고 있을까."

보통 슬럼프에 빠진 선수들은 정신적으로 극심한 좌절과 낙담을 경험한답니다. 그러다 많은 선수들이 다시 부활하지 못하고 그냥 내리막길을 가고 말죠. 선수 생활을 그만두는 경우도 많습니다. 슬럼프의 원인을 모르고 이런 저런 시도를 하다 시간을 다 보내는 사람들도 있고요.

열심히 공부해서 성적이 쭉쭉 올라 아주 기뻐하던 참에 갑자기 등수가 뚝뚝 떨어진다고 생각해 보세요. 마음이 정말 아프고 조급해질 것입니다. 원인도 모른다면 더욱 속이 상하겠지요. 더 열심히 공부하고 노력하는데도 성적이 오르지 않으면 정말 어쩔 줄 모르지 않을까요?

최경주 선수가 바로 그런 처지였던 거지요. 자칫 잘못 생각하면 선수 생활이 위험할 수도 있었어요.

그 가운데 함께했던 것은 역시 가족이었습니다. 가족은 슬럼프 속에서도 기쁨을 주었고 누구보다 든든한 최경주 선수의 지원군이 되어 주었습니다.

최경주 선수는 남들이 슬럼프라고 말해도 스스로는 슬럼프가 아니라 발전하는 중이라고 생각했습니다.

집을 지을 때 보통 시멘트를 사용합니다. 시멘트는 처음에 가루 모양인데 이것을 물에 개서 진흙처럼 만든 후 벽에 바르죠. 시간이 좀 흐른 후 시멘트를 바른 곳을 만져보면 마른 곳도 있고 축축한 곳도 있죠. 동시에 마르지는 않습니다. 최경주 선수도 자신의 상태가 약간 축축한 상태인 벽이라고 생각했습니다. 결국은

단단한 벽이 되는 과정인 것이죠.

체력을 키우는 일에도 게으름을 피우지 않았습니다. 오히려 이전보다 더욱 정신을 집중해서 연습하고 몸을 만들어 갔죠. 한국에서 의사 선생님을 초청해서 살을 빼다가 약해진 근육을 바로잡았습니다.

계속되는 부진 속에서도 최경주 선수는 결코 포기하거나 기가 죽지 않았습니다. 어려웠던 지난 시절을 생각하면 물러설 일도 아니었습니다.

"큰일이 벌어질 때는 예고가 있는 법입니다. 체중 조절, 지방 연소 등을 하고 있는 중이에요. 이런 모든 준비가 끝나면 그때 지켜봐 주세요. 우승 소식이 뜸해 아쉬워하는 팬들이 있는데 조금 늦어질 뿐 아무 문제가 없습니다."

최경주 선수는 안타까워하는 팬들을 만날 때마다 이렇게 말했습니다. 최경주 선수가 오히려 주변 사람들을 위로한 것이죠. 본인의 마음은 '탱크'처럼 단단했습니다. 전혀 흔들리지 않았죠.

역경과 고난을 어떻게 받아들이느냐에 따라 미래가 달라지지요. 최경주 선수는 어려운 일을 당해도 긍정의 힘을 놓치지 않았습니다. 오히려 어떻게 하면 더 발전하고, 더 좋은 결과를 낳을 수 있을까, 연구하고 노력했습니다. 반드시 다시 날아오를 것이라고 굳게 믿었습니다.

2010년 최경주 선수는 부활의 엔진에 시동을 걸었습니다. 유럽 대회와 PGA 대회에서 잇달아 준우승을 차지한 것입니다. 비록 우승을 차지하지는 못했지만 다시 정상의 코앞까지 바싹 다가선 셈이죠.

그리고 PGA 마스터스 대회에 출전해 '골프 황제' 타이거 우즈와 사흘 내내 한 조에서 플레이를 했습니다. 이 어려운 대회에서도 최경주 선수는 4위라는 아주 좋은 성적을 거뒀어요. PGA 마스터스 대회는 4대 메이저대회 중 하나로 최경주 선수가 가장 우승하고 싶어 하는 대회입니다.

2011년 5월, 미국 플로리다주에서 PGA 투어 '플레이어스 챔피언십' 대회가 열렸습니다. 이 대회는 PGA를 대표하는 4개 메이저대회에 이어 다섯 번째 메이저대회라고 불리는 유명한 대회였어요.

이 대회의 우승 상금이 무려 172만 달러입니다. 우리나라 돈으

로는 19억 원이나 되는 어마어마한 금액입니다. 이 금액은 모든 PGA 대회를 통틀어서 가장 큰 금액입니다. 그만큼 인정을 받는 대회라는 뜻이지요.

이미 일곱 번이나 우승을 차지한 적이 있는 최경주 선수였지만 이번 대회는 꼭 1등을 하고 싶었습니다. 지난 3년 동안 정상의 영광을 맛보지 못한 최경주 선수는 우승에 목말라 있었죠.

스스로는 슬럼프가 아니라고 생각했지만, 걱정을 하는 주변 사람들을 실망시키지 않으려고 남 몰래 흘렸던 땀과 인내를 떠올리면서 최경주 선수는 한 타 한 타 최선을 다해서 쳐 나갔습니다. 한편으로는 마음을 비우고 경기 자체에만 집중했습니다.

미국의 데이비드 톰스 선수가 최경주 선수를 바짝 추격하고 있었어요. PGA에 참가하는 선수는 모두 정상급 선수들이기 때문에 잠시도 방심할 수 없습니다. 어느새 데이비드 선수가 최경주 선수와 똑같은 점수를 따내고 말았습니다.

경기는 이제 연장전으로 돌입했습니다. 또다시 우승 직전에서 머물고 말 것인가. 아니면 정상을 다시 차지하며 부활의 나팔을 힘차게 불 것인가.

골프장을 찾은 관객은 물론 TV를 통해 지켜보는 사람들 모두 손에 땀을 쥐며 경기를 지켜보았어요.
　마지막으로 공을 칠 차례였습니다. 먼저 데이비드 톰슨 선수가 공을 쳤는데 홀로 굴러가던 공이 살짝 옆으로 비켜나갔습니다. 이제 최경주 선수만 공을 넣으면 우승입니다.
　최경주 선수는 침착하게 공을 굴리고 눈을 질끈 감았습니다. 귀로 공이 떨어지는 명쾌한 소리가 들렸습니다. 드디어 3년간의 부진을 씻고 영예로운 대회에서 우승을 차지한 것입니다.
　최경주 선수는 우승을 확정짓고 경기장을 둘러보았습니다. 이 경기장은 최경주 선수와 남모를 인연이 있는 곳이기도 했습니다. 최경주 선수가 큐스쿨을 통과하기 전 미국에서 연습할 때였습니다. 최경주 선수는 이 경기장에서 연습을 하고 싶었으나, 담당자는 PGA 선수가 아니라는 이유로 단번에 거절했습니다. 그때 최경주 선수는 이를 악물었죠.
　'내가 반드시 PGA 선수가 되어 이곳에 돌아온다.'
　그 각오를 한 지 12년 만에 같은 장소에서 우승을 차지한 것입니다.

최경주 선수는 상금의 일부를 허리케인으로 고통 받고 있는 미국 국민을 위해 기부했습니다. 최경주 선수는 자신의 재능이 혼자만의 것이라고 생각하지 않았기 때문이죠.

 ## 문화를 바꾸는 사나이

  2012년 최경주 선수는 우리나라에서 치르는 경기인 CJ인비테이셔널 대회에서 우승을 차지했습니다. 최경주 선수가 이 대회에서 우승보다 더욱 공을 들인 것은 '담배 없는 대회'였습니다. 이전까지만 해도 골프장에서 선수들이 담배를 입에 물고 왔다갔다 하는 것이 예사였는데, 최경주 선수가 담배 없는 대회를 주장하고 나서는 관중이나 선수나 모두 담배를 전혀 피우지 않았습니다.

  외국에서 온 기자들과 선수들은 한 선수가 대회의 문화 전체를 바꾸는 모습을 보고 매우 놀라워했습니다. 그만큼 우리나라에서 최경주 선수를 존경했고, 그에 따라 영향력이 커졌기 때문

이겠지요.

최경주 선수가 이렇게 큰 영향을 미치는 이유에는 실력 못지않게 품성도 많은 작용을 합니다.

2005년, 영종도에서 골프 대회가 열렸습니다. 이미 세계적인 프로 골프 선수가 된 최경주 선수가 이 대회에 참가했죠. 그런데 아주 형편없는 경기를 펼쳤습니다. 한 라운드에서 무려 여덟 차례나 공을 물에 빠뜨렸어요. 공이 물에 빠지면 점수에 손해를 봅니다.

게다가 벙커에 공을 빠트린 것도 다섯 번이나 됐습니다. 홀 앞에서는 실수를 해서 공을 세 번이나 다시 쳤습니다. 프로 골프 선수로선 있을 수 없는 경기였습니다.

그런데 이상한 일이 벌어졌어요. 사람들이 최경주 선수가 이렇게 형편없는 게임을 펼칠 때마다 큰 박수를 보냈습니다.

이유는 바로 이 골프대회가 자선 경기였기 때문이랍니다. 이 대회에서는 골프를 잘못 칠 때마다 벌금을 모아 좋은 일에 기부하기로 했던 거예요. 어떤 선수가 물이나 벙커에 골프공을 빠뜨리거나 퍼팅(채로 가볍게 쳐서 공을 굴리는 것)을 세 번 할 때마다 2만

원씩 기부금을 내는 게 경기 규칙이었습니다.

　최경주 선수는 기부금을 내기 위해 일부러 실수를 연발한 것이지요. 잘할 수 있는데도 억지로 공을 못 치는 노력을 한 셈이에요.

　이날 최경주 선수와 이 대회에 동참한 사람들은 '사랑의 벌금'을 모아 '부스러기 사랑 나눔회'에 전달했지요.

　이밖에도 최경주 선수가 참여한 자선 골프대회는 수도 없이 많아요. 바쁜 시간을 쪼개 틈을 내거나, 집에서 쉬어야 할 시간을 포기하고 기꺼이 동참한 것입니다.

　최경주 선수는 가난한 학생들에게 장학금을 주는 건 기본이고, 홍수가 나서 수재민이 발생하면 거액을 들여 각종 생필품을 사서 보내기도 합니다.

　각종 어린이 후원 재단이나 사회단체에도 꾸준히 많은 기부금을 전달해 오고 있죠. 또 불우이웃 돕기 골프대회라도 열리면 만사를 제쳐두고 달려가 기금을 모으는 데 협조를 아끼지 않습니다.

　최경주 선수가 이처럼 이웃에게 나누는 일에 정성을 다하게 된 계기는 부인과 자녀들이 마련했습니다.

　지난 1997년 출산을 앞두고 있던 아내가 제안했습니다.

"이제 태어날 우리 아이를 생각하니 참 행복해요. 그렇지만 부모 없는 고아들은 얼마나 슬프겠어요? 우리 그 아이들을 힘 닿는 대로 돕기로 해요."

그리고는 부스러기 사랑 나눔회에 후원자로 가입하고 불우한 어린이와 청소년을 돕는 일에 전력을 다했습니다.

부인은 또 이런 말도 했지요.

"남편이 프로골프 정상급 선수로 인정을 받기까지 주위 사람들로부터 많은 도움을 받았어요. 이제는 그 사랑에 보답하는 마음으로 남편이 불우한 아이들에게 꿈과 희망이 되길 바랄 뿐이에요."

최경주 선수도 이렇게 말했습니다.

"제가 부모님에게 많은 사랑을 받고 자랐어요. 그래서 그렇지 못한 어린이들에게 도움을 주고 싶은 마음이 있습니다. 앞으로 골프대회에서 우승해서 돈을 더 많이 벌어 사회복지관을 건립하는 게 꿈이랍니다."

최경주 선수가 돕던 아이가 자라서 대학생이 되고, 직장에 취직을 하기도 했습니다. 아이들은 어른이 되어서도 최경주 선수를 잊지 못하고 미국까지 엽서를 보내곤 합니다.

최경주 선수는 그런 엽서를 볼 때마다 고마움에 코끝이 찡해졌습니다. 사랑을 오랫동안 나누다 보면 자기가 뿌린 작은 씨앗이 어느새 큰 나무로 자라는 보람과 감동을 받게 되죠. 옳게 자란 아이들을 보며 최경주 선수는 오히려 사랑을 느꼈고 용기를 얻었습니다.

최경주 선수는 2007년에 '최경주 재단'을 창설했습니다. 더 효과적으로, 더 많은 어린이들이 혜택을 받도록 아예 단체를 만든 것입니다.

애써 번 돈을 재단까지 만들면서 이웃에게 나눠주고 쉬지도 못하면서 남을 돕는 이유가 무엇일까요? 최경주 선수는 자신이 오늘날 세계 정상의 프로 골프 선수가 된 배경에는 수많은 사람의 사랑과 후원의 힘이 있었다고 힘주어 말합니다. 자기 혼자만의 힘으로 성공한 게 아니라는 말입니다.

언제나 주위에는 팬들의 성원이 끊이지 않았고 국민들의 열렬한 지지도 힘이 되었죠. 가족은 물론 친구나 친척, 지인들의 믿음과 변함없는 지원은 그 어려운 PGA 골프대회에서 무려 여덟 번이나 우승을 차지하는 데 원동력이 됐습니다.

자신이 받은 것이 그렇게 많기 때문에 돌려준다고 최경주 선수는 말합니다.

"기부는 저 자신을 충전하는 과정이기도 합니다. 남에게 도움을 주면 저 자신이 더 도전하게 되고 더 강해집니다. 이루고 싶은 목표도 더 커집니다."

최경주 선수를 통해 우리는 나눔의 문화를 배우고 있는 것이죠.

최경주 선수는 아직 꿈이 있습니다. PGA 대회 중에 가장 권위 있는 마스터즈 대회에서 우승하는 것이 꿈입니다. 마스터즈 대회 우승자에게는 아주 특이한 특권이 주어집니다. 우승자가 다음 대회 참가자들을 모아 놓고 식사를 대접하는 것이 바로 그 특권인데, 최경주 선수는 이때 청국장을 끓여서 내놓겠다고 합니다. 우리에게는 구수하고 맛있는 음식이지만 외국인에게는 고약한 냄새일 수도 있는 그 음식을 대접하려고 하는 이유는 음식을 통해 진정한 한국을 알리겠다는 포부가 있기 때문이죠.

최경주 선수가 계속 꿈을 꾸는 한 우리는 아시아를 대표하는 최고의 골프 선수를 계속 지켜보는 행복을 누리게 될 것입니다.

골프로 배우는 과학 ❹
저항과 회전

골프공을 유심히 본 적이 있나요? 골프공을 보면 탁구공처럼 동그랗지 않고 울퉁불퉁하게 홈이 파져 있는 것을 볼 수 있습니다. 왜 이렇게 만들었을까요? 동그랗게 만들 기술이 없어서 그랬을까요? 사실은 그 반대입니다. 홈을 파면 공이 날아갈 때 공기로부터 받는 저항을 줄일 수 있기 때문에 과학적으로 분석해서 만든 것입니다. 그 홈을 영어로 딤플(dimple)이라고 부르는데 보조개라는 뜻입니다.

공이 날아가면 공기가 공 주위로 흐르면서 작은 소용돌이를 만듭니다. 이 소용돌이가 크고 많을수록 공은 멀리 날아가는 힘을 잃고 말지요. 그런데 딤플이 있으면 이 소용돌이가 생기지 않도록 막아주거나 소용돌이 크기를 작게 만듭니다. 공을 만드는 회사마다 어떤 딤플이 공을 가장 멀리 날아가게 하는지 연구해서 특허를 내기 때문에 회사마다 공의 모양이 모두 다르답니다. 아주 작은 공 하나를 연구하기 위해 수십 명의 과학자가 노력하고 있고, 이 노력이 항공우주분야에 응용되기도 합니다.

또 공을 멀리 보내기 위해서 골프채로 공의 아래쪽을 세차게 치는데, 그 때문에 공은 날아가는 반대 방향으로 회전을 합니다. 1분에 2000번에서 3000번이나 회전을 하며 날아가면 공의 위쪽은 그림처럼 공기와 같은 방향의 회전을 하게 되고 아래쪽은 공기와 반대 방향으로 회전합니다. 그래서 공의 위쪽은 공기의 흐름이 빨라지고 아래쪽은 느려집니다.

공기는 느린 쪽에서 빠른 쪽으로 움직이려는 성질이 있습니다. 공의 아래쪽이 느리고 위쪽이 빠르므로 공은 위로 떠오르려는 성질을 갖게 됩니다. 위로 떠오르는 힘을 '양력'이라고 하는데, 비행기가 하늘을 나는 원리도 양력에 있습니다.

회전이 많이 걸린 공은 양력 덕분에 더 멀리 날아갑니다. 일반적으로 공이 가장 멀리 날아가는 각도는 45도라고 합니다. 그런데 골프공에는 양력이 생기기 때문에 골프공을 45도 각도로 치면 하늘로 높이 뜨고 맙니다. 그래서 골프채는 45도보다 낮은 각도로 공이 날아가도록 기울어져 있습니다.

골프는 이렇게 과학적인 스포츠라 골프와 함께 과학적인 상식도 쑥쑥 늘어난답니다.

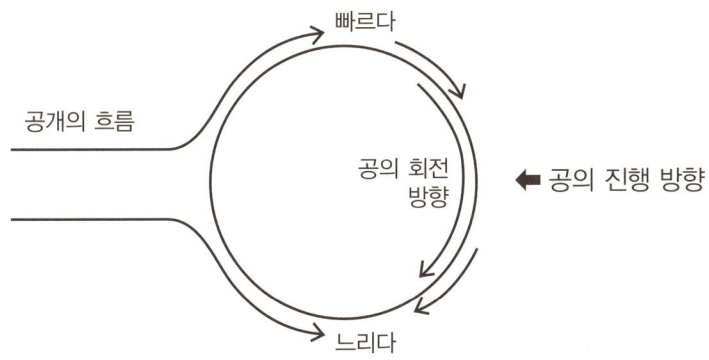

재미있는 논술활동

다음 글을 읽고 여러분의 생각을 정리해보세요.

2005년, 영종도에서 골프 대회가 열렸습니다. 이미 세계적인 프로 골프 선수가 된 최경주 선수가 이 대회에 참가했죠. 그런데 아주 형편없는 경기를 펼쳤습니다. 한 라운드에서 무려 여덟 차례나 공을 물에 빠뜨렸어요. 공이 물에 빠지면 점수에 손해를 봅니다.

게다가 벙커에 공을 빠뜨린 것도 다섯 번이나 됐습니다. 홀 앞에서는 실수를 해서 공을 세 번이나 다시 쳤습니다. 프로 골프 선수로선 있을 수 없는 경기였습니다.

그런데 이상한 일이 벌어졌어요. 사람들이 최경주 선수가 이렇게 형편없는 경기를 펼칠 때마다 큰 박수를 보냈습니다. (123페이지 참조)

1 사람들은 최경주 선수에게 왜 박수를 보냈을까요? 본문을 참고해서 답을 쓰세요.

_____
_____
_____

2 여러분들이 상상력을 발휘해서 왜 박수를 쳤는지 그 이유를 써 보세요.

_____
_____
_____

3 여러분은 언제 상상력이 가장 크게 발휘되나요? 그 상황을 써 보세요.

_____
_____
_____

부모님께

어린이들의 글쓰기 활동에서 가장 중요한 효과 중 하나가 상상력을 키우는 것입니다. 책의 내용에서만 답을 찾는 것이 아니라 어린이들이 마음껏 상상할 수 있도록 여유를 주세요.

예시답안

1. 최경주 선수가 실수를 할 때마다 불우한 이웃들에게 성금을 주는 자선대회였기 때문에 사람들이 박수를 친 것입니다.

2. 알고 봤더니 최경주 선수가 공을 칠 때 모래가 관중들에게 많이 튀어서 화가 나 있었습니다. 그래서 최경주 선수가 잘못할 때마다 고소하다며 박수를 친 것입니다.

3. 그림을 그릴 때입니다. 공룡도 그리고 싶고, 로봇도 그리고 싶고, 공주도 그리고 싶어서 그 모습을 상상합니다.